To. 새로운 생명을 품고 세상에 내어준 _____ 에게,

고단한 하루 속에서도 너만의 우아함을 잃지 않기를 바라며,
이 책을 선물해.
때로는 지치고, 아무도 몰래 울고 싶은 날에
짧게라도 이 책의 한 장이 너에게 조용한 쉼과 위로를 전하길 바래.

엄마는 오늘도 음악 덕분에 괜찮아
지친 마음을 다독이는 엄마의 일상툰과 클래식 playlist

엄마는 오늘도
음악 덕분에 괜찮아

지친 마음을 다독이는 엄마의 일상툰과 클래식 playlist

신수연 지음 · 그림 유유네

오프닝 노트
지친 마음에 건네는
작은 쉼

 아이에게 가장 큰 힘이 되는 것은 부모에게 사랑받고 있다는 확신과 있는 그대로 존중받는 경험입니다. 그러나 그러한 경험을 주기 위해서는 먼저 부모의 마음이 단단해야 하고, 기쁨을 간직할 수 있어야 합니다. 그래서 이 책을 썼습니다. 흔들리는 부모의 마음을 붙잡아 주고, 다시 기뻐할 수 있는 작은 여백을 나누고 싶었기 때문입니다.

 육아의 정답은 알 것 같지만 실천은 늘 쉽지 않습니다. 하루에도 수없이 흔들리고 지치는 순간이 찾아옵니다. 이럴 땐 친구의 위로도, 엄마의 격려도 힘이 되지 않습니다. 저 역시 그런 순간들을 겪었고, 그럴 때마다 그 어떤 말보다 음악에서 더 큰 위로를 받았습니다. 아름다운 선율은 무너진 마음을 어루만져 주었고, 어떤 작곡가의 이야기는 육아의 지혜를 선물해 주었습니다.

이 책에는 제 마음의 벗이 되어 준 30곡의 클래식 음악과 30권의 책에서 건져올린 힘이 되는 문장들이 담겨져 있습니다. 각 에피소드마다 필사 공간을 삽입해, 마음에 남는 문장을 직접 옮겨 적으며 음악과 글의 울림을 책 속에 새겨 넣을 수 있도록 했습니다. 유유네 작가의 인스타툰도 실었습니다. 인스타 속 화려한 이미지에 지친 엄마들에게, 꾸며진 모습이 아닌 진짜 육아의 모습을 담아 같은 길을 걷는 엄마들에게 공감과 위안을 드리고 싶었습니다.

 음악의 위로와 지혜, 그리고 현실 육아의 생생한 모습이 어우러진 이 책이 엄마의 바쁜 하루 속에 작은 휴식이 되어 주기를 바랍니다. 책을 펼친 당신의 시간이 따뜻하고 우아한 선율처럼 흐르길 기도합니다.

"이 글을 읽는 모든 엄마들의 하루가
혼란 속에 시작되었더라도,
언제나 우아함 속에서
따스히 마무리되기를 기도합니다."

✼

Close the day with grace, even if it began in chaos!

차례

4

DAY 1 힘든 시간도 지나갑니다　　12
바흐

DAY 2 고독이 밀려오는 날　　18
헨델

DAY 3 틀이 주는 안정감　　24
브람스

DAY 4 슬픔을 어루만지는 슬픔　　30
쇼팽

DAY 5 미래를 준비하는 시간　　36
리스트

DAY 6 엄마를 위한 자장가가 필요한 날　　42
포레

DAY 7 사랑을 전하는 말의 결　　48
라흐마니노프

54	말러의 침묵이 남긴 교훈	DAY 8
		말러
60	곁에 머물러주는 위로	DAY 9
		엘가
66	엄마는 백조	DAY 10
		생상스
72	천재로 키우는 것보다 중요한	DAY 11
		모차르트
78	독립적인 아이로 키우기	DAY 12
		멘델스존
84	여러 역할들 사이에서 균형을 지키는 법	DAY 13
		클라라 슈만
90	누구 곁에 있어야할까?	DAY 14
		알마 말러

DAY 15 따뜻함과 여백 사이에서 자라는 아이   96
로베르트 슈만

DAY 16 아이와 함께 자라는 부모   102
스카를라티

DAY 17 틀 밖에서 자라나는 창의성   108
슈베르트

DAY 18 새 학기 앞, 흔들리는 마음을 다독이는 방법   114
파니 멘델스존

DAY 19 아이와 떠나는 가장 가까운 여행   120
그리그

DAY 20 엄마의 꿈을 놓지 마세요   126
글린카

DAY 21 흘려야 비로소 가벼워지는 눈물의 힘   132
드뷔시

DAY 22 이런 사랑이 있을까요?   138
마스네

DAY 23 웃음 뒤에 숨은 눈물 이해하기   144
차이콥스키

그래도 너희 곁이라서 조금은
마음이 따뜻해지는 밤이야

150	대신 울어주는 음악	DAY 24
	바바라 스트로시	
156	반복되는 일상을 버텨내는 힘	DAY 25
	에릭 사티	
162	무너지는 계획 속에서 춤추는 법	DAY 26
	드보르자크	
168	흐름에 몸을 맡기는 하루	DAY 27
	라벨	
174	이름 하나로 드리는 기도	DAY 28
	카시니	
180	긴 밤 끝에 찾아오는 축복의 노래	DAY 29
	베토벤	
186	고요한 밤을 버티는 마음	DAY 30
	푸치니	

192　　　　　　　　　　　　　　　　　피날레 노트

오늘도.. 눈을 뜬 채 쉬는 중..

요한 세바스티안 바흐　　　　　　　DAY 1

Johann Sebastian Bach, 1685–1750

무반주 첼로 모음곡 제1번 G장조
Cello Suite No. 1 in G major, BWV 1007

하루의 시작도 끝도 '수유 콜'이었습니다.

"산모님~ 수유하러 오세요~"

아기의 부름이 전해지는 다정한 콜이었지만, 그 순간 저는 한 사람으로서가 아니라 오직 누군가를 돌보는 손길로만 존재하는 듯했습니다. 그 감정은 제 안에 묘한 공허함으로 스며들었고, 종종 아이 앞에서 미안함으로 번져 가곤 했습니다.

그런 저를 가장 먼저 위로해 준 것이 바로 바흐의 이 곡이었습니다. 바흐를 전공했던 저는 이미 이 곡을 수도 없이 들어왔지만, 이 음악이 처음으로 마음 깊숙이 스며든 순간은 조리원의 고요한 방 안에서였습니다. 아이를 품에 안고 끝없이 반복해서 들었던 이 음악은, 낯선 몸과 이름 붙이기 어려운 감정의 물결 속에서 제 호흡을 고르게 해 주었고, 흩어진 마음의 조각들을 하나씩 제자리로 돌려 놓아 주었습니다.

사실 이 곡은 한때 세상의 기억 속에서 사라져, 어느 헌책방 구석에 잠들어 있었습니다. 1889년, 바르셀로나의 한 허름한 책방에서 열세 살 소년 파블로 카잘스가 먼지 쌓인 이 악보를 발견하기 전까지는 아무도 이 음악을 기억하지 못했습니다. 소년은 이 악보를 집으로 가져가 매일같이 연습했고, 마침내 2년 뒤 세상은 이 선율을 다시 들을 수 있게 되었습니다.

이 이야기를 떠올릴 때마다, 무대 위로 다시 불려 나온 한 곡의 순간과 '엄마'라는 이름 속에 잠시 묻혀 있던 제 자신이 다시 숨을 쉬기 시작했던 순간이 겹쳐집니다. 조리원의 깊은 밤, 바흐의 선율은 처음으로 저를 향해 조용히 말을 건넸습니다. 그 곡은 단지 익숙한 클래식이 아니었습니다. 익명의 손길로 하루를 보내던 저를, 이름 없는 존재로 남아 있던 저를 다시 '나'로 불러낸 목소리였습니다. 시간이 흘러 또 다른 육아의 고비마다 그 선율은 다시 제 곁으로 찾아왔고, 그때마다 저는 백 년 전 한 소년이 연주했던 바흐의 음악이 지금 이 방 안에서 제 호흡을 되살려 주고 있다는 사실에 깊은 경이로움을 느꼈습니다.

사람들은 바흐를 '경건한 교회 음악가'로 기억하지만, 그는 보수적인 시대의 경계를 조용히 허문 사람이었습니다. 금기시되던 여성 성악가를 성가대에 세우고, 당시로서는 드물었던 여성 대본 작가 치글러와 함께 공공의 음악 안에 여성의 목소리를 담아냈습니다. 그래서일까요? 그의 음악은 여성인 저의 마음에 특별한 방식으로 닿습니다.

여성이 온전히 자기 삶을 살아가기 위해서는 자기만의 공간이 필요하다고 말했던 작가, 버지니아 울프를 떠올립니다. 저는 그 문장을 이렇게 바꾸고 싶습니다.

'엄마에게는 자기만의 음악이 필요하다.'

육아는 누구에게나 낯설고 고된 여정입니다. 그러나 바흐의 이 곡처럼, 그 여정 역시 흘러갑니다. 당신이 견디고 있는 그 고단한 하루도 언젠가는 조용히 지나갈 것입니다. 그러니 오늘의 끝자락에서, 바흐의 음악을 품으며 스스로에게 이렇게 속삭여 보세요.

'괜찮아, 나는 충분히 잘하고 있어. 이 힘든 시기도 곧 지나갈 거야."

"당신이 여기까지 온 이유를 알겠습니다.
우리가 결국 만나게 된 이유도요.
저는 운명을 믿지는 않지만, 같은 것을 쫓는 사람들이
하나의 길에서 만나게 되어 있다고 믿거든요."

*

《지구 끝의 온실》 김초엽

치워도..치워도.. 끝이없구나..

어짜피 해야하니 즐겁게!!

내 운명.. 내일상..

게오르크 프리드리히 헨델　　DAY 2

George Frideric Handel, 1685–1759

〈미뉴에트〉,《하프시코드 모음곡 G단조》중, HWV 434/4
〈Minuet〉 from《Keyboard Suite in G minor, HWV 434/4》

　1685년, 독일에서 태어난 두 음악가 바흐와 헨델. 같은 해 같은 땅에서 태어났지만, 두 사람이 걸어간 길은 꽤 달랐습니다.

　헨델은 국경을 넘는 데 주저함이 없었습니다. 젊은 시절 함부르크 오페라 극장에서 출발해 곧 이탈리아로 떠났고, 그곳에서 본고장의 음악을 익힌 뒤 영국에 정착해 왕실과 대중 모두의 사랑을 받는 작곡가가 되었습니다. 삶도, 음악도 바흐보다 훨씬 더 외향적이고 활달한 사람이었습니다. 게다가 헨델은 결혼도 하지 않았고, 당연히 자녀도 없었습니다. 혼자 떠돌며 음악에 몰두했던 그의 삶은 그 자체로 고독하면서도 독립적인 궤도를 그렸습니다.

반면 바흐는 평생 독일을 벗어나지 않았습니다. 교회, 궁정, 학교라는 울타리 안에서 묵묵히 작곡하며 살아갔고, 가정에도 충실한 사람이었으며, 무려 20명의 자녀를 두었습니
다. 그래서인지 바흐의 음악에는 가족과 신앙, 일상이라는 구체적인 삶의 결이 깊숙이 배어 있습니다. 그는 다른 나라로 떠난 적은 없었지만, 그가 살았던 라이프치히는 무역과 문화의 중심지였기 때문에 먼 나라에 가지 않고도 그 지역 안에서 유럽 각지의 음악 양식들을 자연스럽게 습득하고, 자신만의 언어로 재창조할 수 있었습니다. 그래서 학자들은 바흐를 두고 "한자리에 머물렀지만, 온 유럽을 품은 작곡가"라고 말하기도 합니다.

헨델을 떠올리면 누구나 〈메시아〉의 '할렐루야', 〈수상 음악〉, 〈왕궁의 불꽃놀이〉처럼 찬란한 트럼펫과 성대한 관현악이 어우러진 장면을 먼저 기억할 것입니다. 하지만 이 'G단조 미뉴에트'를 들어보면, 그 화려함 이면에는 고향을 떠나 낯선 땅에서 평생을 살아야 했던 헨델의 조용한 속마음, 외로움과 그리움이 숨어 있는 듯합니다.

이 곡은 춤곡이지만 화려함보다는 절제된 감정, 기쁨보다는 슬픔이 배어 있는 음악입니다. 이 곡은 프랑스 궁정 무도회에서 유래한 우아한 3박자의 선율로, 화려하지는 않지만 음 하나하나에

담긴 절제가 오히려 더 깊은 울림을 만들어 냅니다. 그래서 이 음악은 화려한 기교보다 연주자의 내면을 얼마나 섬세하게 드러내느냐가 더 중요한 곡이라고 하지요.

이 우아한 춤곡에서 느껴지는 슬픔의 정서는, 마치 군중 속에서 홀로 고독을 느끼는 한 사람의 내면을 비추는 듯합니다. 누구와 함께 있든, 웃고 떠드는 시간이 끝나고 나면 설명하기 어려운 허전함이 밀려옵니다. 그것은 놀이터나 키즈카페에서 모임을 마치고 돌아오는 길에 찾아오는 묘한 외로움과도 닮아 있습니다. 다른 아이와 비교하며 흔들리는 마음, 그리고 그 끝에 남는 알 수 없는 짜증까지. 하지만 이 음악을 들으면, 헨델이 등을 다정히 두드리며 '나도 그랬어'라고 속삭여 주는 듯합니다.

어쩌면 헨델은 환호와 웃음이 가득한 무대의 뒤편, 아무도 알지 못한 마음의 한 구석에서 이 미뉴에트를 썼는지도 모릅니다. 그래서일까요. 이 곡을 들으면, 마치 오래전부터 제 마음을 알고 있었던 사람이 다가와 말없이 손을 잡아주는 듯한 위로가 전해집니다. 오늘 밤, 당신의 곁에도 헨델의 다정한 위로가 함께하길 바랍니다.

"나의 마음도 그러합니다.
누구와 어떤 일로 내가 얼마나 힘든지,
속상한지 그 장면의 주인공인 나와 타인을
조금 더 자세히 보고 느껴봅니다.
그러면 그 순간 힘들었던 마음의 실타래를
훌훌 털어낼 수 있습니다."

*

《마음스위치를 켜보세요》 묘련화

오늘도 너희는...

변함이 없구나...

화가 났지만, 오늘은
참아봤어.. 오늘의 기적이겠지..

요하네스 브람스

DAY 3

Johannes Brahms, 1833–1897

〈간주곡 A장조〉, 《6개의 피아노 소품》 중 제2곡, 작품 118-2
〈Intermezzo in A major〉, No. 2 from 《6 Klavierstücke, Op. 118》

낭만주의 시대의 작곡가들은 격렬한 감정의 기복을 예술적 원천으로 삼았습니다. 그러나 그 강렬한 정서는 삶을 위협하는 불안정한 정신 상태와 긴밀히 맞닿아 있기도 했습니다. 슈만은 정신병원에서 생을 마쳤고, 베를리오즈는 망상과 광기에 가까운 집착을 음악으로 표출했으며, 말러 역시 강박과 우울의 굴레에서 벗어나지 못했습니다. 낭만주의 음악을 가능케 한 감정의 힘은, 동시에 작곡가들의 생을 잠식하는 양날의 검이었습니다.

이런 흐름 속에서 요하네스 브람스는 예외적인 존재였습니다. 그는 어린 시절의 가난과 내성적인 기질로 우울을 경험했지만, 다른 낭만주의 작곡가들처럼 우울과 집착에 휩쓸려 무너지는 극단으로 치닫지는 않았습니다. 그는 감정을 외면하지 않으면서도 고전주의 전통 속 질서와 균형을 지켜, 삶과 음악 모두에서 단단함을 유지했습니다.

브람스의 이 곡은 그의 말년을 대표하는 걸작이자, 평생의 동반자 클라라 슈만에게 헌정된 여섯 개의 피아노 소품 가운데 하나입니다. 그는 이 곡을 '가장 사랑하는 작품', '자화상 같은 곡'이라 부르며 특별한 애정을 드러냈는데, 이는 단순한 음악적 성취 때문이 아니라 클라라와의 깊은 교감이 스며 있었기 때문입니다.

세 부분 형식으로 된 곡은 고요하고 따뜻한 선율로 시작해, 이내 어둡고 그리운 정조로 가라앉았다가 다시 차분하고 평화로운 위로로 되돌아옵니다. 마치 브람스와 클라라가 평생 나눈 감정의 대화처럼, 오른손의 유려한 선율과 왼손의 잔잔한 아르페지오는 서로를 감싸며 속삭입니다. 이 음악은 화려함보다 절제 속에서 더 깊은 울림을 전합니다. 그 안에서 우리는 브람스가 전하고자 한 것이 뜨거운 고백이 아니라, 고요한 지지와 오래된 위로였음을 느낄 수 있습니다.

지치고 흔들리는 날이면 저는 늘 브람스의 음악을 찾습니다. 아이에 대한 사랑은 크지만, 극심한 피로와 함께 자존감이 무너질 때마다 스스로에게 묻습니다. '나는 지금 잘하고 있는 걸까?' 그럴 때 조용히 브람스를 틀어놓습니다. 치밀하게 짜인 곡의 흐름을 따라가다 보면 내 안의 감정도 차츰 정돈되고, 호흡은 깊어지며, 어지럽던 마음은 다시 차분히 가라앉습니다.

 육아의 시간은 종종 '작은 우울'과 맞닿아 있습니다. 사랑하는 아이와 함께하는 순간에도 공허함이 스며들고, 비교와 피로가 뒤섞이며 설명하기 어려운 허무가 몰려오곤 합니다. 육아는 끝없이 흐트러지는 감정의 나날이지만, 브람스가 형식의 틀 안에서 감정을 질서 있게 담아낸 것처럼, 나 역시 그 틀 안에서 버티며 스스로를 다잡습니다.

 가정이라는 틀은 때로 제약처럼 느껴지기도 합니다. 반복되는 일상과 규칙적인 생활, 아이를 돌보며 따라야 하는 작은 규범들이 숨을 막히게 만들 때도 있지요. 그러나 브람스의 음악을 듣다 보면, 그 틀이 단순한 속박이 아니라 나를 지탱해 주는 질서임을 깨닫게 됩니다. 그의 작품 속에는 폭풍 같은 격정 대신 절제된 선율과 고요한 흐름이 자리하고, 그 안에서 오히려 더 큰 울림과 깊이가 전해집니다. 나의 사랑 역시 화려하게 드러나지 않더라도, 가정이라는 조용한 틀 속에서 아이 곁을 지켜왔음을 알게 됩니다.

 오늘 밤도 브람스의 음악 속에서, 자유를 갈망하는 마음과 틀이 주는 안정이 서로를 품고 있음을 느끼며 하루를 닫습니다.

"자신을 사랑한다면 사랑하는 만큼 돌봐야 한다.
자신을 사랑하는 만큼 아끼지 않는 건
사실 사랑한다는 핑계로 방치하는 것과 같다.
아끼는 물건을 닦고 또 닦고 해지거나 고장날까 봐
계속 들여다보는 것처럼 자신에게는 더 그렇게 해야 한다."

*

《반짝이는 딸들에게》 니모 김희진

마트 입구

불태워 버렸다..
카드도.. 체력도.. 나도..

프레데리크 쇼팽

DAY 4

Frédéric Chopin, 1810–1849

〈전주곡 E단조〉, 작품 28-4
〈Prelude in E minor, Op. 28 No. 4〉

슬픔이 언어가 되기까지는 시간이 필요합니다. 그 시간 동안 우리는 설명되지 않는 감정을 묵묵히 안고 살아가야 하지요. 저에게 쇼팽의 이 음악은, 아직 말로 다 뱉지 못한 슬픔의 시간을 곁에서 조용히 지켜주는 곡입니다. 그래서 이 곡을 들을 때마다, 표현할 수 없었던 제 감정을 대신 돌봐주고 이해해 주는 듯한 위로를 받습니다.

1838년 겨울, 쇼팽의 연인이었던 조르주 상드는 두 아이의 손을 잡고 병약한 그와 함께 마요르카 섬으로 향했습니다. 따뜻한 기후가 쇼팽의 건강에 도움이 되기를 바란 용기 어린 결정이었지요. 그러나 현실은 냉혹했습니다. 이혼한 여성이라는 이유, 동거 중이라는 이유로 섬 주민들의 냉대를 받아야 했고, 그곳의 기후는 오히려 쇼팽의 병세를 악화시켰습니다. 아이들도 잦은 병치레에 시달렸고, 약국과 의사조차 쉽게 닿을 수 없는 고립된 상황이 이어졌습니다. 그녀는 쇼팽에게는 연인이자 간병인이었고, 아이들에게는 엄마이자 가장이었습니다. 모든 역할을 묵묵히 감당하며, 누구도 알아주지 않는 삶의 균형을 홀로 떠안아야 했던 상드의 시간을 떠올리면, 묘한 동질감과 함께 깊은 존경심이 듭니다.

상드는 지적이고 주체적인 예술가이자 작가였지만, 현실 속에서는 끊임없이 자신을 지우고 감정을 뒤로 미뤄야 했던 엄마이기도 했습니다. 침묵 속의 갈망과 위로, 사랑조차 돌봄의 노동에 묻혀버린 나날 속에서, 그녀는 어쩌면 기대고 싶은 마음을 늘 눌러 두고 있었는지도 모릅니다. 그래서였을까요. 어느 비 오는 날, 쇼팽의 연주가 들려오자 상드는 걸음을 멈추고 곡이 끝날 때까지 그 자리에 서 있었습니다. 그 순간은, 누구에게도 말할 수 없던 지친 나날 속에서 그녀가 음악을 유일한 위안으로 붙들고 있었음을 짐작하게 합니다.

그녀에게 음악은 단순한 아름다움이 아니었습니다. 누구도 묻지 않았던 마음을 묻지 않고 다가와 쓰다듬어 주는 유일한 언어였습니다. 그리고 그 언어를 만들어 낸 사람은 다름 아닌 쇼팽이었습니다. 말보다 음악으로 감정을 전하던 사람, 쇼팽. 그의 음악에는 언제나 깊고 복합적인 울림이 담겨 있습니다.

이 곡도 그렇습니다. 선율은 반음씩 천천히 내려앉습니다. 그 하강은 절망의 거친 몸부림이 아니라, 스스로를 내려놓는 순간의 고요함에 가깝습니다. 그러나 그것은 체념이 아닙니다. 깊이 받아들인 내면의 탄식, 말없이 삼킨 울음에 더 가깝습니다. 그래서 이 음악은 단 한마디 언어 없이도 마음의 가장 깊은 곳을 건드립니다.

떠나야 했던 조국, 말하지 못한 그리움, 드러내지 못한 고통을 쇼팽은 음악에 담아냈습니다. 그의 곡은 개인의 고백이자 깊은 상처의 기록이었지만, 아이러니하게도 그 고통이 담긴 선율은 상드에게 위로가 되었습니다. 자신의 삶을 지탱하기 위해 흘려낸 음악이, 누군가의 지친 마음을 감싸 안은 것이지요.

그래서 이 곡은 단지 쇼팽의 슬픔만을 말하지 않습니다. 모든 역할을 홀로 감내해야 했던 상드의 나날을 어루만졌고, 오늘을 살아가는 제게도 조용히 스며듭니다. 그리고 여러 역할 사이에서 힘겨운 날, 상드를 위로했던 그 음악이 당신의 밤에도 따뜻하게 다가오기를 바랍니다.

"눈을 뜨면 감사기도로 하루를 시작해.
편식하지 않고 식사를 마치면 양치하고 샤워를 하렴.
로션과 선크림도 잘 바르고 등교를 해.
주어진 과제를 기억하고 제때 하면 돼.
시간을 굳이 만들어 책을 읽어라.
바깥 활동을 한 시간 정도는 꾸준히 하고,
너의 컨디션을 잘 살피는 일.
그리고 틈틈이 너를 행복하게 하는 것들을
양념처럼 추가하면 되는 거야.
그리고 10시~11시 사이에는 자도록 해."

*

《태어난 김에 어쩌다 엄마》 우아써니

투정은 익숙해졌는데,
서운함은 아직 연습 중..

프란츠 리스트   DAY 5

Franz Liszt, 1811-1886

⟨위안 제3번 D♭장조⟩
⟨Consolation No. 3 in D-flat major⟩

  프란츠 리스트가 무대에 오르면 객석은 숨을 죽였고, 곧이어 함성이 터져 나왔습니다. 사람들은 그를 보기 위해 몰려들었고, 어떤 이는 연주를 들으며 울었으며, 또 어떤 이는 그 자리에서 기절하기도 했습니다. 당대 언론은 이 현상을 '리스트마니아'라 불렀습니다. 리스트는 단순한 피아니스트가 아니라, 낭만주의 시대가 탄생시킨 최초의 '스타'였습니다. 19세기 유럽의 그 모습은 오늘날의 아이돌을 떠올리게 합니다.

  그러나 무대 위의 찬란함은 시간이 흐르며 점차 고독으로 바뀌었습니다. 말년의 리스트는 로마에서 사제 서품을 받고, 수도원과 교회에서 조용한 시간을 보냈습니다. 환호와 갈채로 가득했던 과거를 떠나, 그는 침묵 속에서 자신과 음악을 깊이 성찰하는 삶을 선택했습니다.

이러한 삶의 변화가 잘 드러나는 곡이 바로 이 작품입니다. 리스트의 '위안 (Consolation)'은 한 음 한 음을 고요하게 빚어낸 곡으로, 쇼팽의 녹턴을 떠올리게 하는 섬세한 선율과 단순한 화성 진행, 그리고 반음씩 내려가는 흐름은 마치 조용히 눈물을 삼키는 듯한 울림을 줍니다. 격정적으로 터뜨리기보다 음표와 음표 사이의 침묵을 남겨두며, 듣는 이로 하여금 차분히 감정을 받아들이게 합니다.

이 곡에는 전해 내려오는 이야기가 있습니다. 쇼팽이 세상을 떠난 뒤, 리스트가 그의 묘지에 피아노를 가져다 놓고 이 곡을 연주했다는 일화입니다. 사실 여부는 확실하지 않지만, 많은 연주자들이 이 작품을 쇼팽에게 바치는 헌사처럼 연주하는 이유는 분명합니다. 격정보다는 고요를, 과시보다는 절제를 담고 있어 쇼팽의 녹턴을 닮아 있기 때문입니다.

그러나 이 곡의 고요함과 절제는 단순히 쇼팽에 대한 헌사에 그치지 않습니다. 리스트 자신의 삶과 감정 또한 깊이 투영되어 있습니다. 그의 삶에서 여성들은 단순한 연애 대상이 아니라 예술과 존재 전체를 흔드는 강력한 존재들이었습니다. 공작부인 마리 다구와의 격정적이면서도 고통스러운 동거 생활, 작곡가 바그너의 아내가 된 딸

코지마와의 복잡한 관계, 그리고 수많은 여인들과의 사랑과 편지는 리스트에게 끊임없는 자극이자 상처였습니다. 그는 사랑을 통해 열정과 환희를 배웠고, 동시에 이별과 고독, 회한을 경험했습니다. 그 감정의 파편들은 젊은 시절의 화려한 곡들에는 불꽃처럼, 만년의 음악들에는 깊은 숨결처럼 스며 있습니다.

언젠가 우리에게도 그런 고요한 시간이 찾아올 것입니다. 육아의 북적임이 사라진 뒤, 차분히 지난 시간을 되돌아보는 날 말입니다. 어쩌면 지금 아이와 함께 보내는 이 사랑스럽지만 분주하고 소란스러운 나날들이, 그 고요한 시간을 살아갈 준비가 되어주는 것인지도 모르겠습니다. 리스트가 격정의 시절을 지나 '위안'이라는 곡을 남긴 것처럼, 오늘의 격정적인 하루도 언젠가 추억이 되어 우리를 위로해 줄 것입니다.

그리고 혹시 지금, 그런 고요한 시간을 먼저 살아가고 계신 부모님이 있다면 내일 아침에는 조심스레 안부 전화를 드려보는 것도 좋겠습니다. 그것만으로도 내일 하루는 충분히 의미 있는 날이 될 것입니다.

"추억은 힘이 될까? 짐이 될까?"
그때 정원은 선뜻 답하지 못했다.
하지만 지금 다시 묻는다면 주저없이 말했을 거다.
당연히 추억은 힘이 된다고.

*

《오늘도 돌아갑니다. 풍진동 LP가게》임진평, 고희은

청소 뒤 잠깐 커피한잔
하고 있던 어느날..

잠시 뒤..

세상에서 제일 시끄러운
귀여움이 있다면 이런거겠지..

가브리엘 포레

DAY 6

Gabriel Fauré, 1845-1924

〈자장가〉, 작품 16
〈Berceuse, Op. 16〉

  가브리엘 포레는 프랑스 낭만주의의 거장이었지만, 그의 낭만은 격정보다는 조용함과 단정함 속에서 드러났습니다. 낭만주의가 언제나 극단적인 열정만을 뜻하는 것은 아니었습니다. 어떤 작곡가들은 불꽃처럼 감정을 폭발시켰지만, 또 다른 이들은 절제된 선율과 고요한 화성 속에 내면의 목소리를 담아냈습니다. 포레는 바로 그 후자였습니다. 그는 화려한 기교나 극적인 서사 대신, 은은하게 이어지는 화성과 섬세한 선율로 감정을 천천히 머물게 했습니다. 그래서 그의 음악은 낭만적이면서도 단정하고, 서정적이면서도 깊은 울림을 줍니다.

  이러한 포레의 정서가 가장 잘 드러나는 곡이 바로 〈자장가〉입니다. 오늘 들려드릴 이 곡은 아이뿐 아니라 그를 바라보는 어른의 마음까지 달래며, 잔잔한 반복과 흐름 속에서 듣는 이의 숨과 마음을 차분히 풀어 줍니다.

이 곡이 쓰인 1879년, 포레는 서른넷의 젊은 작곡가였습니다. 생계를 위해 살롱용 소품과 가곡을 부지런히 써야 했고, 파리의 살롱은 그의 주요 무대였습니다. 단순한 사교장을 넘어 예술과 사상이 오가던 그곳에서 포레는 화려함보다 절제를, 유파보다 자신만의 언어를 선택했습니다. 그렇게 태어난 이 곡은 유럽 전역의 살롱에서 사랑받았고, 포레는 훗날 이 자장가를 '내 작품 중 가장 널리 연주된 곡'이라 회고했습니다. 숨과 마음을 풀어주듯 곁을 지켜주는 이 음악이 오래도록 사랑받아온 이유는, 어쩌면 우리 모두가 그런 위안을 필요로 하기 때문일지도 모릅니다.

'자장가'가 아이뿐 아니라 어른의 마음까지 어루만지듯, 포레의 삶 또한 그의 음악처럼 사람을 품는 길을 택했습니다. 작곡가로서의 업적 못지않게, 그는 교육자이자 멘토로 깊은 발자취를 남겼습니다. 파리 음악원의 교수이자 원장으로 재직하며, 젊은 작곡가들의 자유로운 표현을 존중하면서도 단단한 기초를 가르쳤습니다. 라벨, 나디아 불랑제, 에네스쿠 같은 20세기 음악의 거장들이 그의 제자였고, 라벨은 그를 '정신적 아버지'라 부르기도 했습니다.

포레는 마치 아이를 키우는 부모처럼, 제자들을 훈육보다 신뢰로, 지시보다 동행으로 이끌었습니다. 그의 음악 교육에는 늘 따뜻한 사랑이 배어 있었고, 그것이야말로 포레가 남긴 가장 큰 유산이었습니다.

누구에게는 따뜻한 위로였던 그였지만, 정작 그의 말년은 청력을 잃어가며 차가운 침묵 속을 걸어야 했습니다. 그러나 외부의 소리가 사라질수록 그는 오히려 내면의 소리에 귀 기울였고, 그 고요 속에서 더욱 정제되고 깊은 음악을 써 내려갔습니다.

포레가 침묵 속에서도 더 깊은 음악을 길어 올렸듯, 우리 역시 단조로운 육아의 날들 속에서 내면의 울림을 만들어 가고 있는지도 모릅니다. 작은 손을 잡아 주던 기억, 아이의 웃음과 울음을 함께 받아 안던 순간들이 우리 마음속에 고이 남아 갑니다. 겉으로는 평범해 보이는 하루들이지만, 그 시간은 우리를 단단하게 하고 아이와의 관계를 더 깊게 만들어 줍니다. 오늘의 일상이 특별하지 않아 보여도, 포레의 이 곡처럼 부모와 아이가 함께 지낸 시간은 언젠가 가장 고요하고 깊은 선율로 우리를 위로할 것입니다.

"웃음을 통해 타인과 소통하는 건
분노를 공유하는 것만큼 강력하진 않을 수 있어도
반드시 삶을 지탱해준다."

*

《내향형 인간의 농담》 염문경

아이들이 잠든 후.. 드디어
찾아 온 조용한 밤시간..

이어폰을 꽂고, 음악을 들으며
빨래를 하나씩 널기 시작한다

고요한 밤공기와 음악..

오늘도 이렇게
내 하루를 다독인다..

세르게이 라흐마니노프 — DAY 7

Sergei Rachmaninoff, 1873–1943

〈보칼리제〉, 작품 34-14
〈Vocalise, Op. 34 No. 14〉

    라흐마니노프의 '보칼리제(Vocalise)'는 가사 없이 단 하나의 음절 '아'만으로 노래되는 독특한 성악곡입니다. 성악뿐 아니라 첼로, 바이올린, 색소폰 등 다양한 악기로도 연주되며 지금까지도 널리 사랑받고 있지요. 이 곡은 제1차 세계대전이 발발하기 직전, 러시아 안팎으로 불안과 긴장이 고조되던 시기에 쓰였습니다. 예술가들 사이에도 체제에 대한 회의와 정신적 피로가 번져가던 때였습니다.

    그 불안은 라흐마니노프 자신의 내면에도 겹쳐졌습니다. 젊은 시절 교향곡 1번의 혹평 이후 그는 깊은 우울 속에 빠졌고, 몇 년간 단 한 곡도 쓰지 못하며 방황했습니다. 훗날 그는 "내 감정을 어떻게 표현해야 할지 몰랐다"고 고백했지요. 그러나 그는 절망을 쏟아내기보다, 감정을 차분히 악보 위에 정제해 담는 방식을 택했습니다.

'보칼리제'는 단순한 연습곡이나 기교 중심의 작품이 아닙니다. 이 곡은 말이 아닌 선율로 감정을 전하는, 침묵 속에서 발견한 위로의 언어입니다. 라흐마니노프는 이 작품을 통해 '감정은 말이 없어도 전달될 수 있다'는 것을 보여주었습니다. 선율은 단순하지만 길게 호흡하며 이어지고, 그 위에 반주는 서서히 파도처럼 밀려왔다가 물러갑니다. 화려한 기교를 요구하기보다는, 숨결과 호흡 속에 담긴 감정의 결을 표현하는 곡입니다. 그래서 성악가뿐 아니라 첼로, 바이올린, 클라리넷, 색소폰 등 수많은 악기로 편곡되어 지금까지도 가장 많이 연주되는 라흐마니노프의 작품 가운데 하나가 되었습니다.

이처럼 말보다 중요한 것은 그 안에 담긴 정서입니다. 그래서 이 음악은 말을 배우기 전의 아이와 부모 사이에 오가는 비언어적 소통과도 닮아 있습니다. 아이는 우리가 '무엇을' 말했는지보다 '어떻게' 말했는지를 먼저 감지합니다. 목소리의 높낮이, 억양, 리듬 같은 '말의 결'을 통해 감정을 읽어내고, 거기서 사랑과 안정감을 느낍니다.

실제로 하버드 의대의 연구에 따르면, 생후 몇 개월 된 아기의 뇌는 말의 내용보다 억양과 리듬, 감정의 결에 더 민감하게 반응한다고 합니다. 일정하고 부드러운 목소리는 아이의 스트레스를 완화하고, 전두엽 발달과 자기조절 능력 향상에도 긍정적인 영향을 줍니다. 신생아조차도 단어보다 목소리에 담긴 정서의 톤으로 사랑을 구분할 수 있다고 하니, 더욱 놀라운 사실입니다.

결국 아이에게 필요한 것은 거창한 말보다 목소리에 담긴 따뜻한 감정입니다. 그래서 꼭 좋은 말을 하려고 애쓰기보다, 그 말을 감싸는 목소리의 결을 다듬는 일이 더 중요합니다. 부드러운 목소리 하나만으로도 아이는 '나는 사랑받고 있어'라는 확신을 얻게 됩니다.

오늘 하루, 말의 내용보다 그 말이 전해지는 방식을 돌아보는 건 어떨까요? 혹시 오늘이 이미 지나갔다면, 내일은 그렇게 시작해 보셔도 좋겠습니다. 아침에 아이를 깨우는 한마디, 밥을 먹이며 건네는 짧은 대화, 잠들기 전 속삭이는 인사까지, 작은 순간들의 따뜻함이 모여 아이의 마음을 단단하게 지켜줄거예요. 언젠가 아이가 성장해 당신의 품을 떠나더라도, 그 부드럽고 따뜻했던 목소리는 오래도록 기억 속에 남아 삶을 버티게 하는 힘이 될 것입니다.

"시냇물이나 식물처럼
영혼에도 일종의 비가 필요한데
바로 희망, 믿음, 살아가는 이유 같은 것들이다."

✽

《다섯번째 산》 파울로 코엘료

구스타프 말러 　　　　　　　　　　　DAY 8

Gustav Mahler, 1860–1911

〈아다지에토〉, 《교향곡 제5번 C♯단조》 중 제4악장
〈Adagietto〉 from 《Symphony No. 5 in C-sharp minor》

　많은 영화감독들에게 사랑받는 이 곡은 영화 〈베니스에서의 죽음〉(1971)에서 인상 깊게 사용되며 대중적으로 널리 알려졌습니다. 이후 박찬욱 감독의 〈헤어질 결심〉(2022)에서도 같은 정서가 이어지며, 말러의 음악이 현대 영화 속에서도 여전히 살아 숨 쉬고 있음을 보여줍니다. 감정의 절정을 격렬하게 터뜨리기보다는, 오히려 침묵과 여백 속에서 더 많은 것을 들려주는 이 곡의 힘이 지금도 수많은 감독들을 끌어당기고 있는지도 모르겠습니다.

　감정의 절정을 격렬하게 터뜨리기보다는 절제하듯 흘러가는 이 곡은 본래 영화 음악이 아닌, 말러가 아내 알마에게 전한 사랑의 고백이었습니다. 그러나 안타깝게도 알마는 결혼생활 속에서 그 사랑을 확신하지 못했습니다. 완벽주의자였던 말러는 감정을 말로 표현하는 데 서툴렀기 때문입니다. 그는 음악 안에서는 누구보다 뜨겁고 격정적인 사람이

었지만, 현실에서는 마음을 드러내는 일이 어려웠던 것 같습니다. 결국 말러의 음악은 알마에게 위대한 사랑의 고백이었지만, 현실에서 그녀는 그 사랑을 온전히 확신할 수 없었습니다. 말로 표현되지 못한 사랑 속에서 끝내 외로움을 견디지 못했던 알마 말러는 다른 이에게 마음을 기울이게 되었습니다. 그녀는 이후 클림트, 코코슈카, 베르크 등 당대의 예술가들과 얽히며 끊임없이 세간의 주목을 받았고, 역사 속에는 '팜므파탈'의 이미지로 기록되었습니다. 그러나 그 이미지 뒤에는 끝내 충족되지 못한 사랑을 갈망했던 한 여성의 고독이 자리하고 있었습니다.

사랑은 마음만으로는 충분하지 않습니다. 아무리 진심이라 해도 표현되지 않으면 전해지지 않습니다. 말러는 교향곡 안에서만 사랑을 말했고, 일상에서는 연주 여행으로 집을 비우거나, 오두막에 틀어박혀 작곡에 몰두하며 침묵했습니다. 알마는 그의 음악만으로는 버틸 수 없었습니다.

그래서 이 곡이 가장 아름답게 흐르는 순간에도, 그 아름다움은 동시에 가장 안타까운 침묵의 여운을 남깁니다. 곡의 마지막, 1도 화음으로 조용히 내려앉는 그 순간에도, 그 아름다움은 동시에 가장 안타까운 침묵의 여운을 남기여 끝내 절정에 이르지 못하고 멈춰버립니다. 이 조용한 끝맺음은, 어쩌면 끝내 닿지 못한 마음, 부재한 사랑의 자리를 조심스레 암시하고 있는지도 모릅니다.

아이를 키우는 부모도 마찬가지입니다. 마음속에 아무리 큰 사랑이 있어도 말과 행동으로 드러나지 않으면 아이에게는 닿지 않습니다. '말하지 않아도 알아줄 거야'라는 기대는 아직 애정의 언어를 배우지 못한 아이에게는 해석되지 않은 문장으로 남습니다.

사랑받고 있다는 확신은 아이가 세상 앞에 나서는 힘이 되지만, 표현되지 않은 사랑은 '나는 정말 사랑받고 있는 걸까?'라는 의심으로 바뀌어 아이 마음속에 불안을 남길 수 있습니다. 말러가 끝내 사랑을 표현하지 못해 알마를 외롭게 했던 것처럼, 우리는 그 실수를 반복하지 말아야 합니다. 조금 더 자주, 조금 더 따뜻하게 사랑을 표현해 주세요. 그 작은 표현이 아이에게는 평생 잊히지 않는 사랑의 기억이 되어, 앞으로의 삶을 지켜주는 힘이 될 것입니다.

"매일은 아닐지라도, 자주는 아닐지라도
우리에게는 지금의 내 삶이 '그것으로 됐다는 걸'
알아채는 순간이 찾아오곤 한다."

*

《어서오세요 휴남동 서점입니다》 황보름

잠시 뒤..

모처럼 찾아온 이 고요..

지금당장은 아무것도 안할거야..

에드워드 엘가   DAY 9

Edward Elgar, 1857–1934

⟨제12변주 "B.G.N."⟩, 《수수께끼 변주곡》 작품 36 중
⟨Variation XII "B.G.N."⟩ from 《Enigma Variations, Op. 36》

  에드워드 엘가는 정규 음악 교육을 받지 못한 작곡가였습니다. 그러나 그는 악보를 스스로 연구하고, 오케스트라를 직접 경험하며 몸으로 음악을 익혔습니다. 이러한 독학의 길은 쉽지 않았지만, 꾸준한 자기 수련과 예리한 관찰력이 더해져 결국 그는 영국 음악사에서 가장 중요한 작곡가 중 한 명으로 자리 잡았습니다.

  그 결실을 보여주는 대표작이 바로 《수수께끼 변주곡》입니다. 이 작품에는 엘가의 인간적인 면모와 음악적 정수가 고스란히 담겨 있습니다. 하나의 주제를 바탕으로 14개의 성격 변주가 이어지며, 각 변주에는 엘가의 친구나 지인의 특징이 담겨 있습니다. 흥미로운 점은, 엘가가 그들의 이름을 이니셜이나 암호처럼 표기했다는 사실입니다.

그 가운데 제12변주 'B.G.N.'은 첼리스트이자 오랜 친구였던 바실 그린 네빈슨(Basil Grene Nevinson)을 위한 음악입니다. 이 변주는 작품 전체에서 분위기를 전환하는 중요한 지점인데, 앞선 변주들이 유쾌하고 활기찬 친구들의 모습을 묘사했다면, 'B.G.N.'은 조용하고 따뜻한 선율 속에서 깊은 감정을 전합니다. 특히 첼로가 들려주는 부드러운 흐름은 마치 신뢰할 수 있는 친구와 나누는 잔잔한 대화를 떠올리게 합니다.

〈수수께끼 변주곡〉 중 이 곡이 더욱 특별한 이유는, 바실 네빈슨이 엘가에게 단순한 친구 이상의 존재였기 때문입니다. 그들은 함께 실내악을 연주하며 오랜 시간을 보냈고, 네빈슨은 엘가가 자신의 음악과 감정을 편하게 나눌 수 있었던 사람이었습니다. 그래서 'B.G.N.'은 특정 인물의 성격을 묘사하는 데 그치지 않고, 오랜 우정 속에서 느낀 안정감과 따뜻함을 담아낸 음악으로 들립니다.

이러한 성격은 작품 전체의 구조 안에서도 중요한 역할을 합니다. 앞부분의 밝고 경쾌한 변주들에서 잠시 감정을 가라앉히며 청중을 내면의 세계로 이끌고, 이어지는 제13변주

(멀리 있는 친구를 향한 음악)와 제14변주(작곡가 자신의 초상)로 넘어가기 전에 숨을 고르게 하는 '쉼'의 순간을 제공합니다.

이러한 '쉼'의 순간은 육아의 세계에서도 중요한 의미를 가집니다. 감정이 북받친 아이 앞에서는 서둘러 가르치기보다 그저 옆에 앉아 등을 토닥여주는 시간이 필요합니다. 바로 이 점에서 엘가의 제12변주 〈B.G.N.〉은 그런 순간을 닮은 음악입니다. 오랜 친구 네빈슨과의 신뢰와 유대에서 태어난 이 곡은 조용하지만 따뜻하고, 깊지만 과장되지 않은 울림을 전합니다.

심리학자 존 가트맨은 「감정코칭」에서 '감정을 바로잡으려 하기보다 있는 그대로 받아들이고 그 자리에 함께 머무르는 태도에서 진정한 위로가 시작된다'고 말합니다. 엘가의 음악도 같은 메시지를 들려줍니다. 화려한 가르침보다 조용한 공감, 해답보다 곁에 머무는 동반자의 힘 말이지요. 그래서 이 곡을 듣고 있으면, 단지 곁에 있다는 것만으로도 전해지는 위로의 힘을 새삼 깨닫게 됩니다. 그래서 이 곡을 듣고 있으면 알게 됩니다. 진정한 위로는 해답을 정해주는 것이 아니라, 곁에 머물러 주는 마음에서 시작된다는 것을.

"당신이 품고 있는 마음이 그대로
당신 삶의 모습으로 나타난다.
내면의 상태는 끊임없이 외부로 표현된다.
표현되지 않은 채로 남아 있는 것은 아무것도 없다."

*

《생각의 연금술》 제임스 알렌

오늘도 생떼쓰는 아이들..

결국,,참지 못했다..

절대 미워서가 아냐...

가끔은 엄마도
엄마인 게 힘들때가 있어..

카미유 생상스 DAY 10

Camille Saint-Saëns, 1835–1921

〈백조〉,《동물의 사육제》중
〈Le Cygne〉from《Le Carnaval des animaux》

생상스의 모음곡《동물의 사육제(Le Carnaval des animaux)》는 아이와 함께 듣기에 가장 좋은 클래식 음악 중 하나입니다. 열네 마리 동물의 움직임과 성격을 각기 다른 악기로 유쾌하게 묘사한 이 작품은 듣는 이의 상상력을 자극하며, 클래식 음악의 즐거움을 자연스럽게 전합니다.

예를 들어, '거북이'에서는 천천히 느린 템포의 캉캉 선율이 역설적으로 사용되어 웃음을 자아내고, '코끼리'에서는 저음의 더블베이스가 무겁게 춤을 추듯 울려 퍼집니다. '수탉과 암탉'에서는 현악기의 빠른 스타카토가 깃털을 쪼는 소리를, '숲 속의 뻐꾸기'에서는 클라리넷이 진짜 새소리처럼 등장해 자연의 정취를 선사하지요. 특히 '피아니스트'라는 곡은 스케일 연습만 반복하는 학생들의 모습을 과장된 연주로 풍자하는 등, 유머와 음악적 상상력이 절묘하게 어우러져 있습니다.

하지만 이처럼 경쾌하고 위트 있는 곡들이 모였음에도 불구하고, 생상스는 이 작품이 자신의 진지한 작곡가로서의 명성을 해칠까 우려했습니다. 그래서 생전에는 친구들을 위한 사적인 자리에서만 연주를 허락했고, 오직 '백조(Le Cygne)'만이 예외적으로 무대에 올랐습니다. 결국 전곡이 공식적으로 공개된 것은 그의 사후 1922년에 이르러서였습니다.

그 가운데 오늘 감상할 〈백조〉는 모음곡의 다른 곡들과 전혀 다른 결을 지니고 있습니다. 첼로와 피아노가 함께 그려내는 이 작품은 고요한 호수 위를 유영하는 백조의 모습을 담아냅니다. 첼로 선율은 수면 위를 미끄러지듯 흐르고, 피아노의 부드러운 아르페지오는 잔잔한 물결처럼 퍼져 나갑니다. 겉으로는 정적이고 단정하지만, 그 고요함은 물 아래 끊임없이 이어지는 발놀림과 보이지 않는 인내로 이루어진 것이지요.

저는 이 곡을 들을 때마다 '엄마는 곧 백조와 같다'는 생각을 하게 됩니다. 수면 위에서는 단정하게 아이를 안고 있지만, 그 이면에는 무수한 인내와 감정의 조율이 숨어 있습니다. 표정 없는 얼굴 뒤에 가려진 숨은 한숨, 밤마다 쏟아지는 울음 앞에서 견뎌내는 마음, 조용히 머리를 쓰다듬으며 다독이는 손끝의 따스함. 그 모든 것들이 아이를 향한 끝없는 인내로 이어집니다. 보이지 않는 물속에서 쉼 없이 발을 움직이는 백조처럼, 엄마도 그렇게 하루하루를 살아갑니다. 그리고 엄마는 언제나 백조 같고, 또 백조 같아야 한다고 믿습니다.

아이의 성장은 저마다의 리듬으로 흐릅니다. 부모가 할 수 있는 일은 그 속도를 조급히 다그치지 않고, 조용히 옆에서 균형을 잡아주는 일입니다. 판단보다는 공감으로, 지시보다는 동행으로. 흔들리더라도 중심을 잃지 않으며 아이의 시간을 함께 유영하는 일. 이것이 진정한 '백조 같은 부모'의 모습일지도 모릅니다.

혹시 오늘 아이와의 하루가 조금 버겁고, 후회되는 장면이 남아 있더라도 괜찮습니다. 백조의 마무리처럼, 고요하고 우아하게 하루를 정리해 보세요. 그 단정한 마무리가 내일 아이의 하루에도 잔잔한 물결처럼 번져 갈 것입니다. 그리고 언젠가 아이가 자라 자기만의 호수 위를 유영할 때, 곁에서 지켜주던 엄마의 인내와 사랑이 아이의 삶에서 가장 큰 힘이 되어줄 것입니다.

"사실 내 건강이 나빠지고, 생명에 위협이 온다면,
그 모든 것이 무슨 의미가 있겠는가.
아무것도 중요하지 않다.
자기가 사라지고 나면 세상도 없다."

✱

《왜 스미스 여사는 내 신경을 긁을까?》 애니페이슨 콜

볼프강 아마데우스 모차르트   DAY 11

Wolfgang Amadeus Mozart, 1756–1791

<피아노 협주곡 제21번 C장조, K.467> 제2악장 안단테
《Concerto per pianoforte e orchestra n. 21
in Do maggiore, K. 467》– II. Andante

1967년 개봉한 스웨덴 영화 <Elvira Madigan(엘비라 마디건)>에는 모차르트의 피아노 협주곡 21번 2악장이 배경음악으로 흐릅니다. 잔잔한 선율은 영화의 서정적인 장면들과 어우러져 깊은 울림을 남겼고, 이후 이 곡은 "엘비라 마디건"이라는 이름으로 더 널리 알려졌습니다.

영화는 비극적인 사랑 이야기를 담고 있지만, 제 마음에 오래 남은 것은 줄거리가 아니라 음악이었습니다. 절제된 음표 하나하나가 이별의 장면을 감싸며, 고통조차 아름다움으로 승화시키는 듯한 그 선율은 오히려 삶을 버티게 하는 힘처럼 다가왔습니다.

저는 이 곡을 들으면 아이와 함께하는 시간이 떠오릅니다. 부모의 하루는 늘 분주하지만, 아이의 성장은 모차르트의 느린 악장처럼 절제와 기다림 속에서 흐릅니다. 조급히 다그치거나 큰 소리로 꾸짖기보다, 한 음 한 음을 놓치지 않고 듣듯이 아이의 말과 표정을 받아주는 일. 때로는 힘들고 답답해 보여도, 그 절제된 순간들이 모여 아이의 마음에 가장 깊은 울림을 남깁니다.

모차르트의 피아노 협주곡에서 2악장은 고요하고 부드러운 색채를 띱니다. 간결한 선율과 온화한 화성 속에서 피아노와 오케스트라는 서로의 호흡을 읽듯 조심스레 주고받습니다. 그 섬세한 균형은 절제 속에 깃든 단정한 아름다움을 보여줍니다.

저는 육아가 화려한 협주가 아니라, 모차르트 협주곡의 2악장처럼 절제와 기다림 속에서 이루어져야 한다고 믿습니다. 절제된 선율 속에 담긴 사랑처럼, 부모의 기다림과 인내가 결국 아이의 삶을 지탱하는 힘이 되기 때문입니다. 모차르트의 2악장은 고요하고 부드러운 색채를 띠며, 간결한 선율과 온화한 화성 속에서 피아노와 오케스트라는 서로의 호흡을 조심스레 주고받습니다. 그 섬세한 균형은 고전주의가 지향했던 맑고 단정한 아름다움의 본질을 보여줍니다.

모차르트의 삶 또한 그러했습니다. 제약과 불평등 속에서도 그는 음악 안에서만큼은 자기만의 세계를 지켜냈습니다. 음악은 끝내 그가 지켜낸 자존감의 울타리였습니다.

많은 부모들이 태교음악으로 모차르트를 찾습니다. 천재의 음악을 들려주면 아이도 그 천재성을 조금은 물려받을 수 있지 않을까 하는 마음 때문일 것입니다.

그러나 모차르트의 삶을 돌아보면, 그가 위대했던 이유는 천부적 재능 자체에만 있지 않았습니다. 제약과 불평등 속에서도 음악 안에서 자기만의 세계를 지켜냈다는 점, 그리고 그 안에서 흔들리지 않는 자존감을 지켜냈다는 점에 더 큰 의미가 있습니다. 음악은 끝내 그가 스스로에게 부여한 자존감의 울타리였던 셈입니다.

모차르트가 자기만의 선율과 함께 자존감을 끝내 잃지 않았듯, 제 아이들도 세상의 조건에 흔들리지 않고 자기 안의 음악과 자존감을 지켜가기를 바랍니다. 그것이야말로 천재보다 더 빛나는 삶일 것입니다.

"나는 이제야 진정한 내면의 평화는 내가 선택하고,
그 선택을 위해 대가와 희생을 치렀을 때
비로소 얻는다는 것을 깨달았다.
그 선택은 다른 사람이 아니라 바로 나 자신을 위한 것이다."

*

《가장 나다웠던 인생의 한페이지》 류쉬안, 왕첸카이, 자넷, 장전청

달이 밝게 뜬 어느날..

귀여웠던 너의 모습이 머릿속을
맴도는 노래처럼 자꾸 생각나^^

펠릭스 멘델스존

DAY 12

Felix Mendelssohn, 1809–1847

〈봄의 노래〉,《무언가》작품 62-6
〈Frühlingslied〉 from 《Lieder ohne Worte, Op. 62 No. 6》

이 곡은 1829년부터 멘델스존이 세상을 떠나기 직전까지, 무려 20년 동안 작곡한 피아노 소품집입니다. 총 8권, 48곡으로 이루어진 이 작품은 가사가 없어도 노래처럼 흘러가는 유려한 선율과 단순한 반주가 특징입니다. 말없이 감정을 전한다는 점에서, 제목 그대로 '무언가(☐☐☐)'라는 이름이 참 잘 어울립니다. 피아니스트 임윤찬은 이 곡들에 대해 "음 하나하나에 특별한 의미를 부여한 것 같다"고 말한 바 있습니다.

이 곡들 속에는 감정의 절제와 섬세함, 구조적 명료함 속에 담긴 낭만주의적 감성이 있습니다. 그 절제된 선율과 세심한 호흡은, 마치 아이를 바라보는 부모의 마음과도 닮았습니다. 말없이도, 화려하지 않아도, 그 안에 흐르는 사랑과 관심이 아이의 마음을 단단히 지탱해 주듯, 멘델스존의 무언가는 듣는 이를 조용히 감싸며 삶의 깊이를 전합니다.

이 소품들 중 가장 널리 사랑받는 곡이 바로 오늘의 선곡 "봄의 노래"입니다. 피아노 한 대만으로도 봄의 생기와 따스함을 놀라울 만큼 풍부하게 그려내며, 제목처럼 직접적인 언어 없이도 감정을 충분히 전달합니다. 간결한 형식 속에서 섬세한 감성이 살아 있는 이 곡은, '무언의 노래'라는 개념을 가장 잘 드러내는 대표작입니다.

멘델스존에게 음악은 결코 혼자만의 작업이 아니었습니다. 그의 누나 파니 멘델스존(Fanny Mendelssohn, 1805-1847)은 평생에 걸친 그의 예술적 동반자이자 가장 깊은 정서적 지지자였습니다. 두 사람은 어린 시절부터 함께 음악을 공부하며 감성과 표현 방식을 나누었습니다. 파니는 여성이라는 이유로 일부 작품을 남동생 이름으로 출판해야 했지만, 펠릭스에게 누구보다 깊이 있는 조언자이자 지지가 되어주었습니다. 그래서인지 파니가 갑작스럽게 세상을 떠나자, 펠릭스는 큰 심리적 충격을 받았고, 불과 몇 달 뒤 그 역시 세상을 떠났습니다. 학자들은 이 정서적 상실이 그의 죽음에 중요한 영향을 주었을 가능성을 제기합니다.

이 이야기는 육아에도 중요한 배움이 됩니다. 부모와 자녀 역시 깊은 정서적 연결을 나누지만, 지나치게 밀착되면 서로에게 감정의 무게를 과도하게 의지하게 됩니다.

자녀 역시 깊은 정서적 연결을 나누지만, 지나치게 밀착되면 서로에게 감정의 무게를 과도하게 의지하게 됩니다. 멘델스존이 절제된 선율 속에 감정을 담아냈듯, 부모도 아이와 관계를 따뜻하게 유지하면서도 적절한 거리감을 지키는 것이 필요합니다. 그 거리감은 무심함이 아니라, 말하지 않아도 전해지는 신뢰이자, 아이가 혼자 설 수 있는 여백입니다.

결국 육아란, 아이와 감정을 함께 나누면서도 적절한 거리와 균형을 지키는 일입니다. 멘델스존이 누나 파니와 평생 깊이 연결되어 있었지만, 그녀의 갑작스러운 죽음 이후 그는 자신을 지탱할 수 있는 중심을 잃고, 불과 몇 달 만에 세상을 떠났습니다. 지나친 밀착과 의존은 서로에게 생명처럼 중요한 존재임에도, 한쪽이 사라졌을 때 그 균형이 무너지는 위험을 내포합니다. 부모도 마찬가지입니다. 아이를 사랑하고 지지하면서도, 아이가 혼자 설 수 있는 여백과 신뢰를 남겨 주는 것이 필요합니다. 그 균형 속에서 아이는 품 안에서 안정감을 느끼고, 품 밖에서도 당당히 설 수 있는 힘을 기르게 됩니다.

그러니 우리, 불안을 내려놓고, 아이가 독립적으로 설 수 있도록 믿어주는 지지대가 되어주어요.

"마치 어릴 적 방학 숙제로 해간 양파 실험처럼 좋은 말,
예쁜 말을 더 많이 듣고 뱉은 나일수록
마음의 크기 역시 잘 자라게 됐다.
예쁘게 세상을 바라보기 위해서는,
먼저 예쁜 말을 써야 했다."

*

《어른의 행복은 조용하다》 태수

첫째 제보로 둘찌를 추궁중..

오늘도 반전 교향곡 같은
육아 생활중..

클라라 슈만 　　　　　　　　　　DAY 13

Clara Schumann, 1819–1896

〈녹턴 F장조〉, 작품 6-2
〈Nocturne in F major, Op. 6 No. 2〉

　클라라 슈만은 19세기 낭만주의 음악사에서 독보적인 위치를 차지한 여성 피아니스트이자 작곡가였습니다. 동시에 여덟 아이의 어머니이자 로베르트 슈만의 아내로 살아야 했지요. 그러나 그녀의 이름은 종종 '슈만의 아내' 혹은 '브람스의 연인이었을지도 모를 여인'으로 축소되어 언급되곤 합니다. 실제로 클라라는 당대 음악계에서 가장 영향력 있는 인물 중 한 명이었으며, 여성 작곡가로서 드물게 자신만의 음악 세계를 끝까지 지켜낸 주체적인 예술가였습니다.

　그녀는 어린 시절부터 아버지 프리드리히 비크의 철저한 음악 교육을 받았으며, 피아노 신동으로 주목받아 10대 후반에 이미 유럽 전역에서 연주자로 명성을 얻었습니다. 그녀의 연주는 단순한 기교를 넘어 작곡가의 의도와 감정을 깊이 읽어내는 해석의 힘을 지녔고, 이는 후대에 '해석자적 연주'의 모범으로 평가받기도 했습니다. 그러나 클라라의 정체성은 연주자에 머물지 않았습니다. "녹턴 F장조 Op.6 No.2", "로망스 Op.11", "피아노 트리오 Op.17" 등의 주요 작품에서 드러나듯, 그녀는 형식적 완결성과 감정의 절제, 그리고 구조 속에 스며든 서정성을 두루 갖춘 작곡가이기도 했습니다. 이는 당시 여성 작곡가에게 흔히 요구되던 단편적 감상성이나 장식적 취향을 넘어서는 것이었고, 그녀를 낭만주의 음악사 속에서 차별화된 위치에 올려놓았습니다.

그녀의 삶은 예술가로서의 열정과 가정 내 역할 사이의 균형을 끊임없이 모색한 여정이었습니다. 남편 로베르트 슈만의 정신질환과 반복된 병원 입원, 여덟 자녀의 양육, 생계를 위한 연주 활동은 결코 가볍지 않은 부담이었지만, 클라라는 단 한 번도 자신의 예술을 내려놓지 않았습니다. 로베르트 사후에는 그의 유작을 정리·편집·출판하며 예술의 유산 관리자로 헌신했고, 브람스·요아힘 등 당대 주요 음악가들과 긴밀히 교류하며 후배를 지도했습니다. 이렇게 그녀는 19세기 유럽 음악계의 핵심 네트워크 속 중심인물로 자리했습니다.

저는 클라라 슈만을 저의 롤 모델로 삼습니다. 내려놓고 싶은 순간마다 여러 역할을 묵묵히 해낸 그녀의 용기가 제게도 다시 일어설 힘이 되어줍니다.

클라라는 평생 일기를 진심으로 써 내려간 사람이기도 했습니다. 어린 시절부터 시작된 기록은 연주와 작곡, 아이들과 가정생활, 로베르트 슈만과 브람스와의 교류까지, 삶의 모든 순간을 담아냈습니다. 글 속에서 그녀는 감정을 숨기지 않고 솔직히 드러냈으며, 음악적 성찰과 일상의 고민을 동시에 적어 내려갔습니다. 그 일기들은 단순한 기록이 아니라, 스스로를 돌아보고 세계와 소통하며, 예술가이자 어머니로서 자신만의 길을 지켜낸 그녀의 내면 풍경을 보여주는 진정한 삶의 증거였습니다.

어쩌면 오늘의 우리 역시, 클라라가 걸었던 길 위에서 답을 찾고 있는지도 모릅니다. 삶의 무게와 역할의 경계 속에서도 나를 잃지 않고 나만의 선율을 지켜내는 일. 그 많은 걸 해낼 수 있었던 힘의 근원은, 어쩌면 그녀가 평생 써 내려간 일기 덕분이 아닐까 생각해봅니다. 일기가 어렵다면, 글로 마음을 담는 작은 연습부터 시작해도 좋겠습니다. 먼저 이 책에 담긴 노트에 필사를 시작해보는 것도 좋겠습니다.

"당신이 당신의 가장 멋진 점을
표현할 단어를 찾아내면 정말 좋겠다.
우리의 좋은 결말을 위해서
어떤 단어가 필요한지 찾아내면 정말 좋겠다."

*

《슬픈 세상의 기쁜 말》 정혜윤

어느날 아이들에 갑작스런 주문!

오늘도 한 편의
귀여운 협주곡 감상중..

알마 말러　　　　　　　　　DAY 14

Alma Mahler, 1879–1964

⟨당신과 있으면 아늑해⟩
⟨Bei dir ist es traut⟩

'팜므파탈', 많은 사람들에게 알마 말러의 이름은 이렇게 기억됩니다. 구스타프 말러, 오스카 코코슈카, 발터 그로피우스, 프란츠 베르펠. 유럽 근대 문화의 거장들 곁에는 늘 그녀가 있었습니다. 그러나 알마 말러는 단지 그들의 '연인'이나 '뮤즈'로만 머문 인물이 아니었습니다. 예술가들이 기꺼이 무너지고, 기대고, 집착할 만큼 그녀는 감각적이면서도 영민했고, 무엇보다 스스로 예술가였던 사람이었습니다.

어릴 적부터 음악적 재능을 보였던 알마는 알렉산더 폰 첼렌스키에게 작곡을 배우며 젊은 시절 총 14편의 예술가곡을 남겼습니다. 그러나 결혼 직후 남편 구스타프 말러는 "한 집안에 두 명의 작곡가는 있을 수 없다"며 그녀에게 작곡을 멈출 것을 요구했고, 알마는 그 말에 순응해 육아에 전념했습니다. 그럼에도 예술가로서의 자아를 완전히 지우지는 않았습니다.

말러 사후, 알마는 그의 음악이 세계 무대에서 자리 잡도록 연주자와 출판사를 설득하고, 악보를 정리하며 작품을 조직적으로 관리했습니다. 그녀는 단순한 '유작 보존자'가 아니라 기획자이자 전략가로서 예술 유산을 설계한 인물이었습니다. 또한 브람스, 요아힘 등 당대 음악가들과 긴밀히 교류하며 예술적 의견을 나누고 후배를 지도하는 등, 20세기 초 유럽 음악계의 핵심 네트워크에서 중심적인 역할을 했습니다.

그녀가 남긴 가곡 가운데 하나인 '당신이랑 있으면 아늑해'에는 알마의 섬세한 내면과 예술적 감수성이 고스란히 드러납니다. 독일 시인 릴케의 시에 곡을 붙인 이 작품은 격렬한 고조나 극적인 전환 없이, 절제 속에서 오히려 깊은 울림을 만들어냅니다. "그대와 함께라면 따뜻하다"는 짧은 문장을 중심으로, 함께 있음에서 오는 평온과 그 안에 스며든 외로움을 음악으로 풀어냈습니다.

사랑은 표현되지 않으면 도달하지 못합니다. 구스타프 말러는 그 점에서 서툴렀습니다. 그는 말 대신 음악으로, 마음 대신 악보 위의 음표들로 사랑을 고백했습니다. 알마는 그 진심을 알았지만, 침묵 속에 남겨진 외로움은 끝내 그녀를 지치게 했습니다. 어쩌면 그녀가 반복해서 다른 사랑을 향해 떠나고, 또 다른 예술 속으로 자신을 던졌던 이유일지도 모릅니다.

이 가곡은 그런 알마의 마음이 응축된 음악입니다. '그의 곁에 있고 싶었다'는 소망, 그리고 그 곁에서 느끼고 싶었던 따뜻함. 그녀는 그것을 말 대신, 한 줄의 시와 몇 마디의 선율로 남겼습니다. 단순하지만 절실하게, 그녀의 진심은 음악이 되었습니다.

당신은 지금 누구 곁에 있고 싶으신가요? 아이가 어릴 때는 사람도 지칠 만큼 피곤한 순간이 자주 찾아옵니다. 그럼에도 사람이 그리워 누군가를 찾다 되레 상처받는 순간들이 찾아오기도 합니다. 결국 우리 모두는 누군가 곁에 있고 싶어 하지만, 동시에 홀로 설 힘도 필요합니다. 아이가 어릴 때의 고단한 일상조차, 그 곁을 지켜주는 글과 음악이 있다면 다시 단단해질 수 있습니다. 삶은 언제나 동행과 고독 사이를 오가는 여정이고, 그 균형 속에서 우리는 자신만의 선율을 완성해 갑니다. 그러니 지치고 흔들릴 때, 당신 곁에 책과 음악을 놓아두세요. 그것이 곁을 지켜주는 가장 잔잔하고도 깊은 동행이 될 테니까요.

"질문이 중요한 세상은 다양한 답을 인정하는 세상입니다.
질문에 대한 다양한 답을 전제하는 것이니까요.
그러므로 남들과 다른 생각을 한다고 해서,
남들과 다른 인생을 산다고 해서 그 생각이 바보 같거나
그 인생이 부끄러운 게 아닌 생각인 거죠.
어차피 정답은 없으니까요."

*

《똑똑한 사람은 어떻게 생각하고 질문하는가》 이시한

요즘 생활비 줄여보려
노력 중인데..먹고 싶은 것도 많고..

하고싶은것도 왜이리 많은지..

언젠간 우리에게도
봄이 오겠지..

로베르트 슈만   DAY 15

Robert Schumann, 1810 – 1856

〈트로이메라이〉,《어린이 정경》작품 15 제7번
〈Träumerei〉,《Kinderszenen》Op.15 No.7

로베르트 슈만은 어린 시절부터 감정의 결에 민감하고 상상력이 풍부한 아이였습니다. 문학가였던 아버지 덕분에 책과 시를 가까이하며 자랐고, 글쓰기와 음악을 통해 자신의 내면을 표현하곤 했습니다. 그러나 열두 살에 아버지를 여의며 깊은 상실감을 겪었고, 이로 인해 정서적인 외로움과 불안이 그의 내면 깊숙이 자리 잡게 되었습니다.

그는 감정의 복잡함을 이해하고 풀어내기 위해 자신의 성격을 격정적인 '플로레스탄'과 사색적인 '오이제비우스'라는 두 인격으로 나누어 표현했습니다. 실제로 그의 많은 작품 속에는 이 두 성향이 교차하거나 대립하며, 감정의 이중성이 극적으로 드러납니다. 그러나 오늘 감상할 이 곡에서는 두 성향이 마치 고요히 화해한 듯, 잔잔하고 평온한 감정의 흐름이 펼쳐집니다.

이 곡은 격정 없이 단순한 선율과 느린 템포로 흐르며, 마치 아이가 조용히 혼잣말을 이어가듯 섬세한 감정을 들려줍니다. 그래서 이 곡은 실제 유년기의 재현이 아니라, 어린 시절을 다정히 껴안는 어른의 회상에서 출발한 음악이라 할 수 있습니다.

아름다움 속에 숨어 있는 것은 어른의 눈물이며, 꿈결처럼 흐르지만 결코 단순하지 않은 정서가 이 곡의 본질을 이룹니다. 일정한 리듬 안에서 반복되는 잔잔한 음형은 한 편의 정서적 회상록처럼 들립니다. 그 선율은 강렬한 고백을 외치는 대신, 그저 옆에 조용히 머물며 마음을 어루만지는 음악이 됩니다. 그래서 이 곡은 아이의 시간과 어른의 기억, 그리고 현재의 나와 과거의 내가 자연스럽게 만나는 정서적 공간이 됩니다.

육아도 이와 닮아 있습니다. 아이를 돌보는 순간마다 내 안의 어린 시절이 겹쳐지고, 나의 유년기의 결핍을 보상하듯 아이에게 주려 할 때가 많습니다. 그런데 그 마음은 정말 아이를 위한 것일 때도 있지만, 사실은 내 안의 어린 나를 위로하기 위한 것일 때도 있습니다. 그래서 부모의 마음은 종종 모순되고 복잡하게 흔들립니다. 슈만이 자신의 내면을 격정적인 '플로레스탄'과 사색적인 '오이제비우스'로 나누어 표현했듯, 부모 역시 아이와 함께하며 흔들리는 마음의 두 얼굴을 마주하게 됩니다.

아이를 키우며 알게 되는 것은, 무엇을 많이 '주느냐'보다 오히려 무엇을 '주지 않고 비워둔 채 함께 견디느냐'가 더 중요하다는 사실입니다. 아이의 떼를 받아내고, 실수할 자유와 기다림의 시간을 허락하며, 혼자 설 수 있는 여백을 남겨주는 것. 어쩌면 그 용기야말로 부모가 줄 수 있는 가장 깊은 사랑일지 모릅니다.

그래서 육아는 무언가를 채워주는 일만이 아니라, 비워내고 기다려주는 훈련이기도 합니다. 그 과정에서 부모와 아이는 조금씩 단단해지고, 서로의 다른 모습까지 마주하게 됩니다.

슈만의 음악에서 서로 다른 두 성향이 결국 화해하듯, 부모와 아이의 감정도 조율과 균형을 찾아가며 함께 성장합니다.

사랑은 서로의 결핍을 메우는 일이 아니라, 그 결핍을 함께 견디며 살아갈 힘으로 길러내는 것일지 모릅니다.

"지금부터 자신에게 선물을 줘보자.
나에게 가장 적당한 선물은 무엇이고,
무엇을 받으면 가장 기뻐할까에 관심을 가져야 한다.
그리고 일단 선물을 골랐다면
'잘 골랐어! 난 참 선물도 잘 골라!'라고 칭찬까지 해주자.
나 자신을 사랑하는 길에 한 발 더 다가설 것이다."

*

《자존감 수업》 윤홍균

잠시 뒤..

놀랐지만 다행이야..괜찮아서..

도메니코 스카를라티

DAY 16

Domenico Scarlatti, 1685–1757

⟨건반 소나타 B단조⟩, K. 87, L. 33
⟨Keyboard Sonata in B minor, K. 87, L. 33⟩

   도메니코 스카를라티는 바흐와 헨델과 같은 해에 태어난 이탈리아 출신의 바로크 작곡가로, 550곡이 넘는 하프시코드 소나타를 남긴 인물입니다. 그는 당시 스페인 궁정에서 활동하며, 공주 마리아 바르바라의 음악 교사로 시작해 그녀가 스페인 왕비가 된 이후에도 곁을 지키며 수많은 작품을 작곡했습니다.

   그가 주로 사용했던 하프시코드는 오늘날의 피아노와는 전혀 다른 방식으로 소리를 냅니다. 피아노는 건반을 누르면 해머가 줄을 두드리지만, 하프시코드는 '잭(Jack)'이라는 장치가 줄을 퉁겨 소리를 내기 때문에 음량 조절이나 감정의 미세한 표현이 제한됩니다. 이 같은 제약 속에서도 바로크 작곡가들은 음악적 극적 효과를 끌어내기 위해 놀라울 만큼 정교하고 창의적인 방식으로 작곡에 임했습니다.

스카를라티의 다수의 소나타는 빠른 반복음, 도약, 당김음, 셋잇단음표, 불협화음을 유도하는 꾸밈음 등 다양한 기교를 통해 생동감을 자아냅니다. 특히 스페인에서 접한 민속 리듬과 춤의 요소를 작품에 녹여 독창적인 활력과 색채를 만들어냈죠. 교육과 연주를 위한 목적으로 쓰인 이 소나타들은 듣는 이의 귀를 사로잡고, 연주자에게는 손끝의 민첩함과 음악적 유연성을 요구합니다.

하지만 오늘 들려드릴 곡은 그의 대표적인 기교적 소나타들과는 결이 다릅니다. 느리고 서정적인 분위기의 이 작품은 단조의 정서를 바탕으로, 두 성부가 얽혀 조용히 대화를 나누듯 진행됩니다. 눈에 띄는 기교보다 절제된 음형과 구조적 균형이 중심을 이루며, 연주자에게는 화려함을 버리는 대신 높은 집중력과 섬세한 표현을 요구합니다.

바흐, 헨델, 스카를라티. 같은 해에 태어난 세 작곡가는 서로 다른 문화권과 음악적 환경에서 자라며 각기 다른 언어로 음악을 써 내려갔습니다. 누군가는 교회에서, 누군가는 오페라극장에서, 또 누군가는 궁정의 연습실에서. 그들이 지나온 길은 다르지만, 세 사람 모두 결국 세월을 넘어 기억되는 이름이 되었습니다.

우리 아이들의 성장도 그렇지 않을까 싶습니다. 누구는 말을 빨리 배우고, 누구는 숫자에 강하며, 또 누구는 느릿하지만 깊은 감정을 품고 자랍니다. 어떤 아이는 질주하듯 나아가고, 어떤 아이는 한참을 멈춘 듯 보일 때도 있습니다. 그러나 그 차이는 결함이 아니라 고유한 리듬입니다. 중요한 것은 속도가 아니라, 각자 걸어가는 방향과 자기 호흡으로 길을 만들어가는 과정입니다.

바흐, 헨델, 그리고 스카를라티는 모두 1685년 같은 해에 태어났지만, 서로 다른 길을 걸으며 각자의 음악을 완성했습니다. 누군가는 오르간 앞에서 신앙의 깊이를 탐구했고, 누군가는 오페라 무대에서 관객을 사로잡았으며, 또 다른 이는 건반 위에서 기교와 감각을 넓혔습니다. 같은 해에 태어났다고 해서 같은 길을 가야 성공했던 것은 아니었습니다.

육아와 교육도 마찬가지입니다. 길은 하나가 아니고, 정답도 없습니다. 남의 방식을 답처럼 따라가는 대신, 아이가 자기만의 길을 만들어가도록 지켜보고 기다려주는 것. 그것이 부모가 줄 수 있는 가장 큰 사랑일지 모릅니다. 바로 이것이 육아의 정도일 것입니다.

"인생은 수학문제가 아니다.
공식을 대입한다고 답이 나오지 않을 뿐더러
그나마 맞는 공식도 없다.
인생은 자유 주제 글쓰기다.
누구나 자기 생각대로 주제를 정하고,
얼개를 잡고 내용을 채워가야 한다."

＊

《단단한 사랑이 있는 한, 넘어지지 않는다》 후이

잠시 뒤..

티나거든..어디서 맵부심은.. ㅎ

프란츠 슈베르트 　　　　　　　DAY 17

Franz Schubert, 1797–1828

〈세레나데〉,《백조의 노래》D.957 중 제4곡
〈Ständchen (Serenade)〉, No. 4 from 《Schwanengesang, D.957》

밤입니다. 창문 밖에는 바람이 나뭇잎을 스치는 소리만 들립니다. 그 고요를 뚫고, 어디선가 낮은 음성이 흘러옵니다. "내 노래가 밤을 뚫고 당신께 전해지기를…" 슈베르트의 "세레나데"입니다. 사랑하는 이를 부르는 노래인데, 이상하게도 이 선율에는 설레는 기쁨보다 떠나보낸 이를 그리워하는 깊은 울림이 깃들어 있습니다.

이 곡을 쓴 프란츠 슈베르트는 세상과 소통하는 방식이 조금 달랐습니다. 말로 감정을 풀기보다, 작은 방 안에서 펜과 악보, 피아노를 통해 마음을 전하곤 했습니다. 눈에 띄지 않는 체구, 두꺼운 안경, 말수가 적은 성격. 친구들은 그를 "못생겼지만 따뜻한 사람"이라고 불렀습니다. 그는 사랑받는 방식이 외모에 있지 않음을 일찍부터 알고 있었던 듯, 오히려 음악 안에서 더 깊고 솔직한 마음을 노래했습니다.

사랑조차도 직접 고백하지 않았습니다. 대신 수많은 노래를 남겼습니다. 그러나 그 내면을 음악으로 담아내던 사람은, 결국 31세라는 짧은 생을 마감할 때까지 가까운 친구 하나 곁에 두지 못했습니다. 그럼에도 '가곡의 왕(Der König des Liedes)'이라 불린 그는, 평생 600곡이 넘는 가곡을 남겼습니다.

슈베르트에게 채워지지 못한 관계의 공허와 외로움은 음악 속에서 다른 방식으로 빛을 발했습니다. 그는 당시 단순한 여흥에 머물던 독일 가곡(Lied)을, 시와 음악이 깊이 어우러진 하나의 완성된 예술로 끌어올렸습니다. 시의 분위기와 흐름을 세심하게 읽어 선율, 화성, 형식, 리듬을 자연스럽게 엮었고, 피아노 반주를 단순한 배경이 아니라 노래와 동등하게 이야기를 이끄는 중요한 주체로 만들었습니다. 또한 곡 속에서 조성을 바꾸거나 리듬에 변화를 주어 시 속 인물의 감정과 장면을 생생하게 표현했습니다. 이런 혁신적인 방식은 이후 슈만, 브람스, 볼프 같은 작곡가들에게 큰 영향을 주었지요.

그는 정식 음악대학에서 교육을 받은 적이 없었고, 체계적인 작곡 수업도 거의 경험하지 못했습니다. 그러나 그 제도권 밖의 배움이 오히려 그를 더 자유롭게 만들었습니다.

슈베르트는 틀에 얽매이지 않은 감성으로 세상과 대화하며, 자신만의 방식으로 예술의 언어를 쌓아올렸습니다.

저는 아이가 슈베르트와 같은 창의성을 키워가길 바라며, 독서와 음악이 그 밑거름이 되기를 꿈꿉니다. 책은 단순히 지식을 주는 도구가 아니라, 전혀 다른 시선과 감정을 마주하게 하는 창입니다. 글 속에서 다른 사람의 삶을 체험하고, 상상 속에서 새로운 세계를 걸어볼 때 아이는 정답이 아닌 '다른 길'을 생각하는 힘을 배웁니다. 여기에 음악적 상상력이 더해진다면, 단어로 다 담을 수 없는 감정과 색채까지 마음속에서 자라날 것입니다.

모두가 같은 방향으로 달려가는 세상에서, 창의적인 아이를 키운다는 것은 무엇일까요? 아이의 가능성은 정답을 빨리 찾는 능력이 아니라, 누구도 가르쳐주지 않은 방식으로 자유롭게 세상과 소통하는 힘에서 비롯됩니다. 그래서 부모인 우리는 계속해서 묻고, 그 물음 속에서 답을 찾아가야 합니다. "기존의 틀 안에서 과연 창의적인 아이가 자랄 수 있을까?"라는 질문을, 마음 한켠에 오래 품으면서요.

"습관은 선택을 반복해서 미래를 확정해가는 과정이다.
습관은 지금도 당신 몰래 당신의 미래를
차곡차곡 결정해가고 있다."

*

《더 나은 나는 매일의 작은 습관으로 만들어집니다》장근영

남편 출근후..

지금 말하면 봐줄게요..말해봐요..

파니 멘델스존

DAY 18

Fanny Mendelssohn, 1805–1847

〈3월〉,《그해》H. 385 중
〈März (March)〉 from 《Das Jahr, H. 385》

파니 멘델스존은 낭만주의 초기, 동생 펠릭스 멘델스존보다도 더 뛰어난 재능을 드러낸 천재 여성 작곡가였습니다. 그녀는 베를린의 부유한 유대인 가정에서 태어나, 여성으로서는 드물게 작곡·피아노·문학·외국어 등 폭넓은 인문 교육을 받았습니다. 특히 동생과 함께 베를린 음악계의 거장 칼 프리드리히 젤터에게 사사하며, 바흐·베토벤·하이든의 고전 양식을 깊이 익혔지요. 젤터는 오히려 펠릭스보다 파니에게 더 깊은 인상을 받았고, 괴테에게 보낸 편지에서 이렇게 썼습니다.

"파니는 베토벤을 치며 고양된 감정을 아주 절묘하게 표현한다."

그러나 시대는 그녀의 재능을 온전히 허락하지 않았습니다. 당시 여성은 작곡가로서 공적 무대에 설 수 없었고,

아버지는 "음악은 여성에게 장식물 정도면 족하다"는 말을 남기며 파니의 활동을 제한했습니다. 결국 그녀의 작품 상당수는 오랫동안 '펠릭스 멘델스존'의 이름으로 발표되는 불합리한 상황이 이어졌습니다. 그럼에도 파니는 결혼과 육아 속에서도 작곡을 놓지 않았고, 자신의 집에서 정기적인 살롱 콘서트를 열며 조용하지만 끈질기게 음악 세계를 넓혀 갔습니다.

그 노력의 결정판이 바로 1841년, 이탈리아 여행 중 남편에게 헌정한 피아노 모음곡 《Das Jahr(그 해)》입니다. 1월부터 12월까지 한 해의 시간을 따라 만든 12개의 피아노곡은 겉으로는 계절의 변화를 담은 듯 보이지만, 그 속에는 한 여성의 일상과 감정, 기쁨과 슬픔이 고스란히 흐릅니다. 더욱 특별한 점은 악보에 파니가 직접 쓴 시와 여동생 레베카가 그린 삽화가 실려 있다는 것입니다. 음악과 문학, 그림이 한데 어우러진 보기 드문 예술작품이었지요.

그중 오늘 함께 들을 '3월'은 겨울이 채 가시지 않은 초봄의 설렘을 담고 있습니다. 음악은 밝고 경쾌하게 시작되지만, 그 안에는 조심스러운 숨 고르기가 있습니다. 마치 겨울잠에서 막 깨어난 생명이 몸을 천천히 움직이기 시작하는 모습처럼요. 들뜨면서도 왠지 모르게 마음 한쪽이 불안한 기운 즉, 웃고 있는 얼굴에 눈물이 조금 남아 있는 듯한, 희망과 망설임이 동시에 깃든 초봄의 감정이 이 곡에 녹아 있습니다.

이 복합적인 감정은 육아의 어느 시기와도 닮아 있습니다. 3월은 새로운 시작의 달이자, 아이의 첫 사회생활이 시작되는 때입니다. 유치원이나 학교에 처음 가는 아이보다 오히려 엄마인 제가 더 긴장하게 되는 달이기도 하지요. 새 학기라는 이름 아래 마주하게 되는 수많은 변화 앞에서, 한편으로는 잠시의 해방감을 느끼면서도, 마음 한켠이 조용히 흔들립니다. 그럴 때 파니 멘델스존의 〈3월〉을 듣고 있으면, 그 복잡한 마음을 조용히 들여다보고 알아주는 사람을 만난 듯한 위로가 다가옵니다. 음악에 몸을 맡기고 예민함을 덜어내보시길.

1월부터 12월까지, 파니 멘델스존이 한 해의 시간과 감정을 꾹꾹 담아 만든 이 모음곡을 매달 한 곡씩 감상해 보세요. 한 달의 첫날을 여는 순간이나 마지막 날을 마무리하는 시간에 이 곡을 듣는다면, 나만의 작은 의식이 되어 한 달을 고요하고 단정하게 품어줄 것입니다.

"'즐거운 일이 있을 것 같아' '재미있을 것 같다'라는
감정이 작용하고 있을 때 무엇이 자신을 자극하는지,
무엇을 하고 있을 때 나이를 잊을 만큼
충만한 기쁨이 느껴지는지 찾아두는 것이
무엇보다 중요하다."

*

《감정이 늙지 않는 법》 와다 히데키

국수집에서 밥을 먹던 중..

엄마도 그랬어. 음악도..
너희도.. 그냥 좋았어^^

에드바르 그리그   DAY 19

Edvard Grieg, 1843–1907

〈피아노 협주곡 가단조〉, 작품 16
〈Piano Concerto in A minor, Op. 16〉

  지난해 제가 운영하는 독립서점 송정북스에서 서울형책방 프로그램으로 이인화 작가의 『북유럽 미술관 여행』 북콘서트가 열렸습니다. 그날 저는 핀란드의 숲과 스톡홀름 바닷가에 자리한 작은 미술관을 동시에 여행하는 듯한 경험을 했습니다.

  "조금 느리게, 조금 불편하게 여행하면서 아이가 스스로 뭔가를 느끼도록 기다려주는 것, 그게 북유럽 예술교육의 핵심이에요."

  이 북콘서트에서 특히 제 마음에 깊이 남은 것은 작가님의 이 한 문장이었습니다. 그 말을 들은 순간, 육아 역시 결국 기다림의 예술이라는 생각이 들었습니다. 아이에게 빠르게 설명하거나 정답을 먼저 보여주는 대신, 감정이 머무를 수 있는 리듬과 환경을 마련해주는 것. 때로는 불편함도

허용하며, 아이가 스스로 느끼고 질문하고 선택하도록 옆에서 지켜보는 일. 그것이야말로 아이의 마음이 자라고, 부모가 감정의 언어로 소통할 수 있는 진짜 교육 아닐까라고 생각이 들었습니다.

북유럽의 예술과 문화에는 공통적으로 '속도의 미학'이 스며 있습니다. 빠르게 몰아붙이기보다 계절이 바뀌듯 자연스러운 변화를 기다리고, 그 안에서 삶의 결을 느끼게 하는 태도입니다. 그리그의 음악도 이러한 정서를 그대로 품고 있습니다. 그의 선율은 화려하게 치고 나가지 않고, 마치 눈 덮인 숲속을 걷는 발걸음처럼 차분히 흐르다가 어느 순간 햇살처럼 감정을 열어 보입니다. 그래서 그의 음악을 듣고 있으면 북유럽의 맑은 공기와 고요가 함께 전해집니다.

그날 북콘서트에서 제 머릿속에 떠오른 곡은 그리그의 피아노 협주곡이었습니다. 그가 남긴 유일한 피아노 협주곡이자, 낭만주의 협주곡 가운데 가장 널리 사랑받는 작품 중 하나입니다. 1868년 덴마크에서 작곡된 이 곡은 리스트와 슈만의 영향을 받았지만, 그리그는 여기에 북유럽적 서정성과 민속적 색채를 더해 자신만의 음악 세계를 완성했습니다. 특히 1악장의 도입부에서 폭포수처럼 쏟아지는 힘찬 건반과 오케스트라의 응답은, 자연의 장엄함과 민족적 활기를 동시에 드러내며 듣는 이를 단번에 끌어당깁니다. 케스트라의 응답은, 자연의 장엄함과 민족적 활기를 동시에 드러내며 듣는 이를 단번에 끌어당깁니다.

아이와 함께 듣는 피아노 협주곡 한 곡, 미술관 복도를 함께 걷는 30분, 창밖으로 스쳐 지나가는 작은 바다의 풍경. 이런 순간들은 결국 감정이라는 언어를 가르쳐주는 창의적인 수업이 됩니다.

여행은 거리를 가늠하는 일이 아니라, 마음을 열어 새로운 시선을 만나는 일이라는 걸 그날 깨달았습니다. 아이와 함께 음악을 듣고, 책을 보며 상상하고, 미술관의 작은 그림 앞에 멈춰 서서 그림 속 이야기를 함께 그려보고, 바람 부는 날 공원을 걸으며 나뭇잎을 바라보는 것. 이런 경험들이야 말로 아이의 마음에 예술이라는 감정의 언어를 가장 자연스럽게 심어주는 배움이 됩니다.

예술은 하나의 완성된 작품이면서도, 마음속에 남아 삶을 움직이게 하는 울림이기도 합니다. 그렇기에 아이의 감수성과 표현력, 공감 능력을 키우는 데 무엇보다 큰 힘이 되어줄 것입니다. 아이와 함께 둘만의 가까운 여행을 떠나보는 건 어떨까요? 그 순간들이 곧 가장 깊은 배움으로 연결되어줄 테니까요.

"차이를 문제로 바라보지 않고
같이 풀어야 할 과제로 바라볼 때
당신의 말그릇은 흔들리지 않는다."

*

《비울수록 사람을 더 채우는 말그릇》

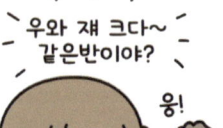

미하일 글린카

DAY 20

Mikhail Glinka, 1804–1857

⟨종달새⟩, 밀리 발라키레프 편곡
《The Lark》– arranged by Mily Balakirev

글린카라는 이름은 우리에게 다소 낯설게 들릴 수 있지만, 러시아에서는 '국민 작곡가'로 불릴 만큼 중요한 인물입니다. 그는 유럽 고전주의 형식을 토대로 러시아 민속 선율을 결합하여 러시아 고유의 음악 언어를 처음으로 만들어냈고, 이후 차이콥스키, 무소르그스키, 림스키-코르사코프 같은 거장들에게도 깊은 영향을 주었습니다.

그의 가곡 '종달새'는 발라키레프(Mily Balakirev)에 의해 피아노 독주곡으로 편곡되면서 더욱 널리 알려졌습니다. 새벽 하늘을 향해 날아오르는 종달새의 모습을 떠오르게 하는 이 곡은, 눈에 띄는 화려함보다는 은은한 화성과 흐르는 음색 속에 새의 존재를 조용히 숨겨놓은 듯한 인상을 줍니다. 오르내리는 선율은 마치 내면에서 울려오는 질문처럼 다가옵니다.

"당신은 지금 어디로 향하고 있는가?"

저는 이 음악을 들을 때마다 동화 『파랑새』가 떠오릅니다. "행복은 가까이에 있다"는 그 유명한 이야기. 하지만 어린 시절의 저는 그 말을 곧이곧대로 믿기 어려웠습니다. 행복이 가까이에 있다면 왜 그렇게 손에 닿지 않았을까, 왜 나는 늘 먼 곳만 바라보며 아득해했을까. 가까이에 있다고 할 때마다, 정작 그 가까이를 제대로 보지 못하는 저 자신이 더욱 또렷하게 느껴졌습니다. 그 시절 제 안의 파랑새는 높고 자유롭게 날아오르기보다는, 조용히 움츠린 채 좁은 새장 안에 스스로를 가두고 있던 존재에 가까웠습니다.

엄마가 된다는 일도 저에겐 그런 경험이었습니다. 하늘을 날던 새가 둥지에 내려앉아 알을 품는 일. 아이와의 시간은 따뜻했지만, 동시에 멈춤을 감수해야 하는 시간이기도 했습니다. 하고 싶던 일은 잠시 접어두고, 나의 시간은 아이의 리듬에 맞추어 재편되었습니다. 그러나 육아를 마친 깊은 밤, 조용히 흐르는 글린카의 '종달새'를 듣던 어느 날, 제 안의 새가 다시 날개를 펴는 상상을 하게 되었습니다.

이 음악을 들으며 잠든 아이를 바라보는 순간, "행복은 가까이에 있다"는 말이 사실이었음을 문득 깨달았습니다. 다만, 그 가까이를 바라볼 여유가 제게 없었을 뿐이었고, 멈춰 있던 시간조차도 어쩌면 다시 날기 위한 고요였다는 것도요.

그렇게 마음을 조금씩 다잡으며 바깥을 향해 천천히 시선을 돌렸고, 조용히 날갯짓을 준비하기 시작했습니다. 독립서점이자 출판사인 송정북스를 열었고, 음악과 책을 잇는 다양한 작업을 이어가고 있습니다. 처음에는 책 10권으로 시작한 아주 작은 서점이었지만, 2년이 채 되지 않아 2호점까지 문을 열게 되었습니다. 작은 새의 첫 날갯짓 같던 시도가 이제는 조금씩 넓은 하늘로 나아가는 여정이 되고 있습니다.

송정북스는 이제 이 작은 공간을 넘어 해외 출판으로도, 또 학교와 도서관 등의 외부 강의로도 이어지고 있습니다. 음악과 책을 매개로 아이들과 부모, 그리고 지역사회와 만나는 이 시간은 제게 또 다른 배움의 자리가 되고 있습니다. 언젠가 이 시도들이 모여 제 안의 두려움 많은 파랑새가 더 멀리, 힘차게 날아오르기를 바랍니다. 또 이 공간이 여러분들에게도 꿈, 희망을 선물하는 공간이 되었으면 좋겠습니다.

"니체가 표현한대로,
만일 당신에게 살아야 할 이유가 있다면
당신은 어떤 일이든 견뎌낼 수 있다.
의미 있는 삶은 한참 고난을 겪는 와중이더라도
지극히 행복할 수 있다. 이에 비해 의미 없는 삶은
아무리 안락할지라도 끔찍한 시련이다."

✽

《사피엔스》유발 하라리

모두 잠들어 있는 이른 아침..

눈 뜨는 것도, 뭘 먹을지
생각하는 것도 괜히 힘든 요즘

이럴때일수록 억지로라도
작은 여유를 가져본다.

나를 위해..

클로드 드뷔시 DAY 21

Claude Debussy, 1862-1918

〈달빛〉, 《베르가마스크 모음곡》 중 제3곡

〈Clair de Lune〉, No. 3 from 《Suite bergamasque》

 밤이 깊어도 잠들지 못하던 날이 있었습니다. 아이를 재우고 나와 부엌 불을 끈 뒤, 거실 한쪽에 앉아 노트북을 열었습니다. 그날따라 마음이 복잡했는데, 드뷔시의 이 '달빛'이 흘러나왔습니다. 첫 화음이 울리는 순간, 거실의 공기마저 달빛처럼 엷게 변하는 듯 했는데, 설명할 수 없는 안도감과 서늘한 그리움이 동시에 밀려왔고, 하루 종일 눌러놓았던 감정들이 조용히 표면으로 떠올랐습니다.

 이 곡은 프랑스 상징주의 시인 폴 베를렌의 동명 시에서 영감을 받아 탄생한 곡입니다. 드뷔시는 이 시를 깊이 사랑했고, 가면을 쓴 사람들의 축제, 달빛 아래 감춰진 슬픔, 분수의 흐느낌 같은 이미지들을 자신의 음악 속에 은밀히 담아냈습니다. 시 속 인물들은 사랑과 기쁨을 노래하지만, 정작 그 감정을 완전히 믿지는 못한 채, 그 노래마저 달빛 속에 스며듭니다. 음악 역시 그러합니다. 표현된 것과 표현되지 않은 것 사이, 들리는 음과 들리지 않는 숨결 사이에서 마음이 깊어집니다.

드뷔시는 어린 시절부터 비범한 피아노 재능을 보였지만, 단순한 신동에 머물지 않았습니다. 그는 늘 기존의 틀을 의심하고 새로운 소리를 탐색한 작곡가였습니다. 파리 음악원 시절에도 화성법과 형식에 순응하기보다는, 그것들을 자기만의 언어로 재조립하며 스승들을 놀라게 했지요. 인상주의 화가들이 빛의 떨림을 화폭에 담았다면, 드뷔시는 음표로 공기의 진동을 그렸습니다. 후기 낭만주의의 감정적 과잉 대신, 그는 덜 말하고 더 여운을 남기는 방식으로 감정을 표현했습니다.

그가 언젠가 "물 위에 비친 달빛은 설명할 수 없으니, 그냥 들려줘야 해"라고 말했던 것처럼, 이 곡은 '말할 수 없는 감정'의 집입니다. 섬세하게 쌓인 화성과 숨결 같은 루바토, 사라지듯 끝나는 결말은 듣는 이로 하여금 자신의 내면에 떠오른 파문과 마주하게 만듭니다. 들리는 소리보다 더 크게 다가오는 정서, 표현되지 않은 채 머물러 있던 감정이 어느새 음악을 타고 조용히 고개를 듭니다. 저는 이 곡을 들을 때마다, 하루를 묵묵히 건너온 나 자신과, 이 글을 읽는 당신에게 말을 겁니다. 오늘 하루도 무사히 건넜다는 사실만으로도 충분하니, 이 고요한 음악 속에서 잠시 숨을 고르며 쉬어가도 괜찮다고.

드뷔시의 감수성, 즉, 자연에서 온 그 섬세한 울림과 내면의 떨림을 아이에게도 선물하고 싶다면, 잠시 휴대폰을 내려놓고 아이와 함께 자연으로 나가보는 건 어떨까요. 나뭇잎이 바람에 스치는 소리, 흙을 밟는 감각, 멀리서 들려오는 새의 노랫소리. 그 모든 소리와 리듬은 화면 안에서는 결코 배울 수 없는 진짜 자극이 됩니다.

처음엔 지루하고 불편하게 느껴질지도 모릅니다. 하지만 그 느림과 불편함을 견디는 경험이야말로 감정과 공감, 창의력을 길러주는 깊은 교육의 시작입니다. 하루 10분이라도, 아이의 손에 들린 기계 대신 바깥 공기를 손에 쥘 수 있도록 이끌어 주세요. 그 작은 시간들이 쌓여 언젠가 음악보다 더 깊은 감수성과 상상력을 품은 어른으로 자라날 테니까요.

"당신이 현재 어떤 일을 하든
대가를 치를 의지만 있다면
무한한 가능성이 존재합니다."

*

《세상에서 가장 이상한 비밀》 얼 나이팅게일

어느날 밤..

아이가 아픈날,
머리속은 걱정으로 가득차고..

엄마의 밤은 유난히 길고도 길다

쥘 마스네 DAY 22

Jules Massenet, 1842–1912

〈왜 나를 깨우는가, 오 봄의 숨결이여〉, 오페라 《베르테르》 3막 중
〈Pourquoi me réveiller, ô souffle du printemps?〉
from 《Werther》, Act III

괴테의 소설 『젊은 베르테르의 슬픔』을 원작으로 한 오페라가 있습니다. 18세기 말 유럽 전역을 뒤흔든 이 작품은 절절한 사랑과 돌이킬 수 없는 비극으로 수많은 독자의 마음을 사로잡았습니다. 그 파장은 문학을 넘어 음악의 세계로도 번졌고, 프랑스 낭만주의의 대표 작곡가 쥘 마스네는 이 이야기를 오페라 《베르테르》로 새롭게 태어나게 했습니다.

마스네의 작품은 원작의 서사를 충실히 따르면서도, 인물의 내면을 음악으로 더욱 섬세하게 비추어 줍니다. 예를 들어, 베르테르와 롯테가 다시 만나는 장면은 처음에는 햇살이 비치는 듯 평화로워 보이지만, 이어지는 선율 속에 점차 어둠이 스며들며 곧 다가올 비극을 암시합니다. 무대는 고요하지만, 음악은 결코 안온하지 않습니다.

이 비극의 절정은 3막의 테너 아리아 〈Pourquoi me réveiller, ô souffle du printemps?(어찌하여 나를 깨우나요, 봄바람이여)〉에서 찾아옵니다. 오랜 시간 떨어져 있던 롯테를 다시 만난 베르테르는, 여전히 닿을 수 없는 사랑 앞에서 무너져 갑니다. 그는 그녀에게 오시안(Ossian)의 시를 읽어 달라고 부탁합니다. 그 시에는 봄바람이 스쳐 간 자리, 다시 피어나는 생명, 그리고 머지않은 죽음에 대한 예감이 담겨 있습니다. 시의 울림 속에서 자신의 운명을 직감한 베르테르는, 억눌러 온 감정을 더 이상 감출 수 없게 되고, 그 절망을 아리아로 쏟아냅니다.

이 아리아에서 그는 봄바람이 실어 나르는 생명의 기운조차 사랑이 없는 삶에서는 더 이상 위로가 되지 않음을 고백합니다. 살아 있음은 희망이 아니라 고통이 되고, 사랑이 생명보다 더 큰 비극으로 다가오는 순간을 그는 노래합니다. 음악은 조용한 고백처럼 시작해 감정의 파도를 타고 점차 고조되며, 마침내 절규에 가까운 음에 이릅니다. 그러나 마스네는 그 절규마저 절제하여 오히려 더 깊고 섬세한 울림을 남깁니다. 오페라는 비극으로 향합니다. 사랑을 이루지 못한 베르테르는 결국 스스로 생을 마감하고 맙니다.

이 아리아를 듣고 있으면, 문득 이런 사랑이 과연 있을까 하는 생각이 듭니다. 삶과 죽음의 경계까지 내몰리면서도 끝내 포기하지 못한 사랑, 위로가 되기는커녕 고통이 되어 버린 사랑 말입니다. 결혼은 사랑을 지켜 주기도 하지만, 때로는 사랑을 무디게 만들기도 합니다. 그러나 단 하나, 아이에게 향한 사랑만은 결코 무뎌지지 않기를 조용히 바라게 됩니다. 베르테르의 절규는 이미 지나갔지만, 음악은 그 여운을 남겨 오래도록 우리 마음속을 울립니다.

최진영 작가의 여러 소설을 떠올리게 됩니다. 그녀의 작품 속 인물들은 늘 사랑과 상실, 삶과 죽음의 경계에서 흔들리지만, 결국 그 절망의 순간에도 누군가를 향한 마음 때문에 버티고 살아냅니다. 그것은 파국을 향한 집착이 아니라, 끝내 사랑을 잃지 않으려는 몸부림이자 인간을 지탱하는 마지막 힘처럼 다가옵니다.

육아도 다르지 않은 듯합니다. 지치고 무너질 것 같은 순간에도 부모를 붙잡는 것은 결국 아이를 향한 마음입니다. 언젠가 이 시간이 지나고 나면, 그 모든 감내의 순간들이 가장 단단한 사랑의 증거로 남아 있을 것입니다.

"아이의 말은 신기하다.

이토록 아름다운 언어가 또 있을까?

작은 입에서 나오는 모든 말은 동화가 되고 시가 된다."

*

《왕할머니와 아이 손님》 정현정

잠시 뒤..

잠깐이면 되는데...

엄마가 되면..쉬웠던 것도
어려워지는것 같아..

표트르 일리치 차이코프스키   DAY 23

Pyotr Ilyich Tchaikovsky, 1840–1893

〈바이올린 협주곡 D장조〉, 작품 35
〈Violin Concerto in D major, Op. 35〉

  호수가 내려다보이는 조용한 마을. 아무도 없는 그곳에서 차이코프스키는 깊은 상처를 안고 있었습니다. 결혼 생활은 파국으로 치닫고, 마음은 산산이 부서진 채 아무런 기대도 없이 떠난 곳이었지요. 그런데 뜻밖에도 그는 그곳에서 바이올린 협주곡을 쓰기 시작했고, 단 한 달 만에 곡을 완성했습니다. 오늘 감상할 작품, 〈바이올린 협주곡 D장조〉는 그렇게 태어난 곡입니다.

  그러나 처음 이 곡이 세상에 나왔을 때는 냉담한 반응뿐이었습니다. 이 곡을 헌정받을 예정이던 연주자는 "연주 불가능하다"고 외면했고, 비평가들은 "이건 음악이 아니라 악취"라는 가혹한 말을 남겼습니다. 하지만 아이러니하게도, 시간이 흐른 지금 이 작품은 가장 사랑받는 바이올린 협주곡으로 자리잡았습니다. 예술이든 삶이든, 당장의 결과에 연연하지 말고 오래 두고 볼 일입니다.

이 작품의 1악장은 찬란하게 열리며 바이올린이 한없이 노래합니다. 기쁨과 슬픔이 교차하는 정서 속에서 선율은 망설임 없이 흘러가고, 오케스트라는 그 흐름을 밀어주며 빛과 그림자를 동시에 펼쳐냅니다. 2악장은 고요합니다. 마치 겨울 호숫가에 홀로 앉아 있는 듯한 투명한 정적이 깔리며, 바이올린은 낮게 속삭이는 듯한 선율로 깊은 내면의 목소리를 전합니다. 마지막 3악장은 러시아 민속춤을 닮은 생생한 리듬이 쏟아지듯 터져 나오며, 내면 깊은 곳에서 솟구치는 에너지와 차이코프스키 특유의 격정으로 음악을 힘차게 마무리합니다.

이 곡을 들을 때면 단순한 즐거움보다는 "고통 끝에서 피어난 기쁨"이라는 생각이 듭니다. 그래서 이 기쁨은 가볍지 않고, 오히려 절실하고 뜨겁습니다. 누군가는 이 곡을 "햇빛 아래 울고 있는 음악"이라고 표현했는데, 실제로 이 눈부신 선율 속에는 설명하기 어려운 슬픔이 스며 있습니다. 웃고 있는 얼굴 뒤에 감춰진 눈물처럼, 차이코프스키의 음악은 환한 빛 속에 고요한 고통을 함께 품고 있습니다. 그래서 이 협주곡을 듣는 일은 단순히 아름다운 음악을 감상하는 경험이 아니라, 고통과 기쁨이 동시에 깃든 인간의 삶 전체를 마주하는 경험에 가깝습니다.

그 감정은 우리의 일상, 특히 육아 속에서도 낯설지 않습니다. 아이와 함께 웃고 떠드는 순간들은 분명 빛나지만, 그 이면에는 종종 눌러 삼킨 감정이 숨어 있습니다. 어떤 날은 마음을 갈아넣는 듯한 고단함 속에서도 아이 앞에선 애써 웃게 되고, 그조차 힘겨운 날이면 문득 아이에게 미안해지곤 합니다. 그래서 그 웃음은 기쁨이라기보다, 버텨낸 끝에서 피어난 울음에 가까운 감정일지도 모르겠습니다. 말없이 전해지는 그 미묘한 감정의 결들은 차이코프스키의 선율과 닮아 있습니다.

이 곡은 차이코프스키가 무너진 삶의 한복판에서 써낸 작품이었고, 당장 인정받지도 못했지만 결국 세상에서 가장 널리 사랑받는 선율이 되었습니다. 아이를 키우는 시간도 다르지 않을 것입니다. 나 자신을 미루고 견뎌낸 감정들, 눈물은 지금은 흔적 없이 스쳐가는 듯 보일지 몰라도, 언젠가 나와 아이의 삶 속에서 조용히 울려 퍼질 것입니다.

차이코프스키의 음악이 고통과 기쁨을 함께 품어내며 시대를 넘어 사랑받았듯, 육아의 시간 또한 기쁨과 눈물이 겹쳐 쌓여, 결국 우리 삶을 가장 단단하게 지탱하는 선율이 될 것입니다.

"살아가며 기억해야 할 사실 중 하나는
우리가 다른 누군가의 기대를 충족하기 위해
이 세상에 태어난 건 아니라는 것입니다."

*

《김종원의 진짜 부모공부》 김종원

바르바라 스트로치 　　　　　　　DAY 24

Barbara Strozzi, 1619–1677

〈나의 눈물이여〉
〈Lagrime mie〉

　눈물에는 수많은 표정이 있습니다. 참으려다 스르르 흐르는 눈물, 숨죽여 삼키는 눈물, 한 번 터지면 멈출 수 없는 눈물. 바르바라 스트로치의 "나의 눈물이여"는 어떤 눈물을 표현한 곡일까요? 하행하는 선율은 무겁게 떨어지는 물방울 같고, 길게 늘어진 멜리스마는 울음을 억누르다 터져 나오는 흐느낌 같습니다. 이 곡을 듣다 보면, 우리는 울음의 표정이 이렇게나 많다는 사실을 새삼 알게 됩니다.

　이 곡은 1659년에 발표된 세속 칸타타로, 당시로서는 보기 드물게 깊이 있는 감정 표현을 보여줍니다. 음악은 한 장면처럼 펼쳐지며 눈물이 흐르는 과정을 세밀하게 묘사합니다. 이 곡에서 '눈물'은 단순한 슬픔의 표지가 아닙니다. 스트로치는 그것을 감정의 주체가 스스로를 해방시키는 행위로 재해석했습니다. 이 곡에서 울음은 더 이상 수동적인 비탄이 아니라, 자기 목소리로 세상에 내보이는 적극적인 표현으로 해석됩니다.

17세기 유럽에서 한 여성이 자신의 이름으로 여덟 권의 작품집을 출판한 일은 거의 기적에 가까웠습니다. 대부분의 여성은 수도원이나 귀족 가문의 사적인 공간에서만 음악을 연주할 수 있었고, 무대에 서거나 자신의 이름으로 작품을 출판하는 일은 거의 불가능했습니다. 심지어 뛰어난 음악적 재능을 가진 여성이라 해도, 공식적인 음악 교육이나 작곡 활동의 기회는 제한적이었습니다. 여성의 목소리는 종종 누군가의 '소유물'처럼 다뤄졌고, 감정 표현 역시 남성이 정한 규범 속에 머물러야 했습니다.

하지만 바르바라 스트로치는 이런 환경 속에서도 예외적인 길을 걸었습니다. 그녀의 아버지는 베네치아의 문인 살롱을 운영하며 시인, 음악가, 예술가들과 교류했었고, 그 덕분에 그녀는 어릴 때부터 음악적·문학적 교육을 받을 수 있었습니다. 연주자이자 성악가로 무대에 섰고, 작곡가로서도 당당히 이름을 남겼습니다. 종교적 권위나 귀족 후원자의 의도에 맞춘 작품이 주를 이루던 시대에, 그녀는 여성의 내면과 개인적인 감정을 음악의 중심에 놓았습니다. 이 곡은 그 결실 중 하나로, 여성이 자신의 목소리로 고통을 예술로 승화시킨 이정표라 할 수 있습니다.

이 곡을 들을 때마다 저는 한밤의 기억 속으로 돌아갑니다. 아이가 잠든 뒤, 불 꺼진 방 한구석에 웅크린 채 앉아 있던 순간. 숨소리조차 크게 느껴질 만큼 고요한 그 자리에서, 오늘 하루 아이에게 던진 낯선 말들이, 아무에게도 털어놓지 못했던 외로움이, 끝끝내 삼켜야 했던 서러운 마음이 하나씩 떠올랐습니다.

사실 저는 자존심이 센 탓에 잘 울지 못했고, 부모 앞에서도 좀처럼 눈물을 보이지 않던 아이였습니다. 그래서 더욱 울음은 제게 멀고도 낯선 감정이었습니다. 그날 저는 말 대신 음악을 택했습니다. 그리고 그 음 속에서, 마침내 울 수 있었습니다. 그것은 누군가에게 보이기 위한 눈물이 아니라, 오래 잠겨 있던 마음이 스스로 길을 찾아 흘러나온 울음이었습니다.

울기 힘든 날엔, 이 스트로치의 음악이 대신 혹은 함께 울어줄 것입니다. 그리고 그 눈물은 단순한 슬픔이 아니라, 고여 있던 마음이 다시 흐르기 시작했다는 증거일지 모릅니다. 삶은 우리를 종종 막아 세우지만, 눈물이 흘러내리는 순간 우리는 다시 살아 있다는 사실을 깨닫게 됩니다. 눈물은 절망의 끝이 아니라, 다시 살아가기 위한 출발선입니다.

"행복은 뭔가 얻으려고 가는 길 위에 있는 것이 아니라
길 자체가 행복이라고.
그리고 네가 만나는 사람이 모두
힘든 싸움을 하고 있기 때문에 친절해야 한다고."

✽

《불편한 편의점》 김호연

에릭 사티   DAY 25

Erik Satie, 1866-1925

〈짐노페디 1번〉
〈Gymnopédie No. 1〉

  사티의 이 곡을 들으면 대부분 '차분하다', '편안하다'는 인상을 받습니다. 그런데 악보에는 뜻밖의 지시어가 등장합니다. Lent(느리게), douloureux(고통스럽게). 왜 이렇게 부드럽고 아름다운 곡에, 사티는 '고통스럽게'라는 표현을 붙였을까요?

  그 해답은 어쩌면 그의 삶 속에 숨어 있는지도 모릅니다. 에릭 사티는 평생 결혼하지 않았고, 가족을 꾸리지도 않았습니다. 경제적으로 불안정했고 음악계의 주류로부터 외면받으며 살아야 했습니다. 파리 음악원에서 정규 교육을 받았지만 기존의 형식을 따르기보다 늘 새로운 가능성을 고민했으며, 쇼팽의 화려한 기교나 바그너의 극적인 서사에도 관심을 두지 않았습니다. 그는 말하자면 음악계의 '외톨이'였고, 그 고독이 악보 위의 짧은 지시어 하나에 담겨 있었던 것은 아닐까요?

그렇기에 '고통스럽게'라는 표현은 단순한 감정 과잉이 아닌, 그의 예술 세계에 깊이 배어 있는 고요한 내면의 통증을 암시합니다. 사티가 말한 고통은 격정적으로 터뜨리는 절규가 아니라, 말로 설명되지 못한 감정이 오랜 시간 마음에 가라앉은 상태였습니다. 그리고 그 감정은 '짐노페디 1번' 속 반복적인 선율과 미묘한 화성의 변화 속에 조용히 녹아 있습니다.

사티는 실제로도 독특한 고독을 지닌 인물이었습니다. 파리 교외의 허름한 방에 살면서 같은 회색 벨벳 정장을 수십 벌 갖춰 두고 평생 그것만 입었고, 단 한 번의 짧은 사랑이 끝난 뒤로는 혼자 지냈습니다. 음악계의 주류로부터 외면받았지만, 그는 단조롭고 반복적인 일상 속에서 자신만의 고요한 리듬을 지켜냈습니다. 그 고독과 고집이 결국 '고통스럽게'라는 지시어와, 단순한 선율 안에 스며 있는 내면의 울림으로 남은 것은 아닐까요.

이 곡을 듣다 보면, 저는 자꾸만 육아의 시간을 떠올리게 됩니다. 아이를 재우는 밤은 반복의 시간입니다. 등을 토닥이고, 노래를 부르고, 다시 안고, 또 눕히고… 단조로운 듯 보이지만, 그 안에는 아이에게 안정감을 주고 부모와 아이의 관계를 이어가는 중요한 리듬이 담겨 있습니다. 아이는 곧 그 시간을 잊을지라도, 부모는 그 순간들을 깊이 기억하며 살아갑니다. 그 시간은 언젠가 아이의 마음속 어딘가에서 잔잔한 리듬으로 남아, 평생을 따라다니는 정서적 기반이 될지도 모릅니다.

사티는 자신을 "음악적 외톨이"라 불렀습니다. 그는 주류 음악계의 관습에서 비켜 서서 화려한 기교나 고전적 형식 대신 고요하고 반복적인 선율로 자신만의 세계를 만들었습니다. 외로움은 그에게 단순한 고립이 아니라, 감정을 정직하게 마주하는 방식이었고, 그래서 그의 음악은 낮은 목소리로도 깊고 단단하게 다가옵니다. 그는 당대 작곡가들과 교류를 꺼렸고, 평생 거의 홀로 지냈습니다. 사티에게 외로움은 단순한 고립이 아니라, 세상과의 거리를 통해 스스로의 감정을 더 정직하게 마주하는 방식이었습니다.

육아를 경험하는 부모들도 한동안 외톨이가 됩니다. 사회와 거리를 두고, 오롯이 아이에게 시간을 내어야 하니까요. 그러나 그 고립은 단절이 아니라, 아이와 가장 깊은 숨결을 나누는 시간입니다. 그리고 언젠가 그 고요의 순간들이 쌓여, 부모와 아이의 삶 속에서 사티의 음악처럼 낮지만 깊은 울림으로 오래 남을 것입니다.

"고마워요. 살아 있어줘서.
이렇게 살아준 것만으로도 다행이라고,
고맙다고 할 거예요. 곁에 있는 사람은.
그러니까 오늘은 살아 봐요. 날이 너무 좋으니까.

내일은 비가 온대요.
그럼 그 비가 그치길 기다리면서 또 살아봐요.
그러다 보면 언젠가 사는 게
괜찮아질 날이 올지도 모르잖아요."

✻

《선재 업고 튀어 1》 이시은

가끔 깜빡해..
너가 크고 있다란걸..

안토닌 드보르자크

DAY 26

Antonín Dvořák, 1841-1904

〈슬라브 무곡 G단조〉, 작품 46 제8번
〈Slavonic Dance No. 8 in G minor, Op. 46〉

아침부터 아이가 신발을 짝짝이로 신고, 양말은 신지 않겠다며 떼를 쓰기 시작하면 하루의 리듬은 금세 흐트러집니다. 참을성은 바닥나고, 답답함은 폭발 직전까지 치닫지요. 그런 날이면 떠오르는 음악이 있습니다. 드보르자크의 '슬라브 무곡 G단조'입니다.

이 곡은 처음 들으면 다소 혼란스럽게 느껴질 수 있습니다. 도입부터 휘몰아치는 리듬, 갑작스러운 템포 변화, 예측하기 어려운 악센트가 쉼 없이 이어지니까요. 그러나 그 안에는 놀라운 질서가 숨어 있습니다. 드보르자크는 불규칙한 흐름 속에 체코 민중의 정서와 자유를 향한 갈망, 억눌림과 해방의 감정을 절묘하게 녹여냈습니다. 불협처럼 들리는 순간도 결국 다음 박자로 자연스럽게 이어지며, 흔들리더라도 끝내 멈추지 않고 아름답게 나아갑니다.

육아의 하루도 이 곡과 닮았습니다. 오늘은 평화롭게 보내야지 다짐해도, 아이는 언제나 예상과 다르게 흘러갑니다. 막 밥을 먹이려는 순간 "싫어!" 하고 울음을 터뜨리거나, 옷을 입히려 하면 "이거 말고 다른 거!"라며 버티기 시작합니다. 바쁜 아침, 아이의 감정과 타협하다 보면 어느새 나의 여유와 인내심은 바닥을 드러냅니다.

하지만 결국 조율해야 하는 것은 아이가 아니라, 아이와 함께 살아가는 '내 감정'입니다. 육아는 예기치 않은 흐름 속에서 새로운 리듬을 발견해 가는 여정이기 때문입니다.

광고인 박웅현 작가는 『여덟 단어』에서 "인생은 계획대로 흘러가지 않더라도, 자신만의 방식으로 충분히 훌륭하게 살아갈 수 있다"고 말합니다. 그 말처럼, 육아도 완벽한 계획을 실현하는 일이 아니라 흔들림 속에서 균형을 찾아가는 과정이며, 그렇게 살아가는 모습 자체가 충분히 멋진 것입니다. 그러니 하루의 리듬이 매끄럽지 않았더라도, 그것은 실패가 아니라 당신만의 춤일 수 있습니다. 아이와 부대끼며 울고 웃는 시간, 그 모든 순간이 드보르자크의 무곡처럼 당신만의 무대 위에서 울려 퍼지고 있는 것입니다.

이 곡이 전하는 위로는, '불완전함 자체가 아름다울 수 있다'는 사실입니다. 절묘하게 계산된 듯 들리지만, 그 안에는 언제나 약간의 비틀림과 거침이 존재합니다. 마치 육아처럼요. 매끄럽지 않아도 괜찮습니다. 실수하고 돌아서서 후회하는 순간도, 다시 아이를 안아주는 시간도 모두 당신만의 선율이 됩니다. 불협조차 하나의 조화로 품어내는 음악처럼, 당신의 하루도 결국은 하나의 완전한 곡이 되어가고 있는 중입니다.

오늘도 흔들리며
아이와 함께
나만의 리듬을 따라
춤추듯 살아가세요.

아이가 넘어지면 손을 잡아주고
내가 지칠 땐 잠시 책과 음악으로 숨을 고르세요.

이렇게 이어가는 하루하루가
우리 삶의 선율이 되고
그 선율 속에서 우리는 조금씩 더 단단해지며
아름다운 곡을 만들어낼 거예요.

"제가 정말 좋아하는 것이 있다면 진심으로 칭찬하며
그 칭찬을 아끼지 않는 것입니다.

하지만 보통 사람들은 어떤가?
사람들은 어떤 것이 마음에 들지 않으면
부하직원들을 쥐잡듯이 잡고,
마음에 들면 아무 말도 하지 않는다."

*

《데일 카네기 인간 관계론》데일 카네기

어느날 저녁 식사후..

10분 뒤..

이젠 포기할 줄도 알아야 하는데
왜 이렇게 포기가 안 될까

모리스 라벨

DAY 27

Maurice Ravel, 1875-1937

〈물의 유희〉
〈Jeux d'eau〉

모리스 라벨의 "물의 유희"는 제목 그대로 흐르는 물의 움직임을 피아노로 섬세하게 그려낸 인상주의 작품이자, 프랑스 인상주의 피아노 음악의 새로운 지평을 연 곡입니다. 라벨은 악보 서두에 프랑스 시인 앙리 드 레니에(Henri de Régnier)의 아래의 시구를 인용했습니다.

"Dieu fluvial riant de l'eau qui le chatouille
 (자신을 간질이는 물결에 웃고 있는 강의 신)"

이 한 줄은 이 곡에 담긴 물결 속 생명력과 장난기, 유쾌하고 생동감 있는 기운을 품고 있습니다. 라벨은 이를 통해 이 곡이 단순한 묘사를 넘어, 물과 자연에 깃든 유머와 환상, 감각적 기쁨을 담아내고자 했음을 드러냈습니다. 물이 장난치듯 튀고 햇살에 부서지듯 반짝이며, 때로는 은밀하게 흐르다 어느 순간 힘차게 솟구치는 모습이 음악 속에 녹아 있습니다.

피아노 위에 부서지듯 쏟아지는 아르페지오, 빛이 수면 위에서 반짝이며 흔들리는 듯한 화성은 눈앞에 물결을 그려냅니다. 라벨은 쇼팽의 조성적 틀 위에 더 유동적이고 회화적인 감각을 얹었고, 이야기가 아닌 '감각'으로 음악을 말했습니다. 그 속에서 청중은 '형태 없는 아름다움'을 처음으로 마주하게 됩니다.

이 곡은 물을 그린 음악이면서, 동시에 그 자체로 물이 되어 흘러갑니다. 뚜렷한 구조나 반복되는 주제 없이, 끝없이 생성되고 변주됩니다. 연주자는 악보에 적힌 길을 따라가면서도 순간의 흐름에 귀 기울여야 하며, 숨은 생명력과 움직임을 감각으로 느끼며 연주해야 합니다. 그래서 이 곡은 단순히 아름다운 음악이 아니라, 살아 있는 음악입니다.

라벨은 감정보다는 질감과 구조에 민감한 작곡가였습니다. 그는 이렇게 말했습니다. "내 음악은 말하려 하지 않는다. 그저 흘러갈 뿐이다. 내가 무엇을 말했는지에 관심을 갖지 않아도 좋다. 다만 그것이 당신 안에서 어떤 울림을 일으킨다면, 그것으로 충분하다."

이 말은 육아의 경험과도 깊이 맞닿아 있습니다. 아이를 키우는 시간은 계획처럼 흐르지 않습니다. 밥을 잘 먹은 날엔 잠투정을 하고, 낮잠이 길면 그날 밤은 꼬박 안아야 하기도 합니다. 무언가 잘 해낸 듯싶으면 또 다른 어려움이 찾아오고, 하루하루는 예측할 수 없는 물결처럼 변합니다. 잡으려 하면 빠져나가고, 통제하려 하면 더 흐트러집니다.

그러나 시간이 흐르면서, 부모는 그 예측 불가능함 속에서 자신을 내려놓는 법을 배우게 됩니다. 아이의 리듬에 맞춰 하루를 조율하고, 감정의 파도에 귀 기울이며 마음을 들여다보게 되지요. 그렇게 '계획대로 사는 사람'에서 '흐름에 반응하는 사람'으로 변해갑니다.

저는 처음에 이 예측 불가능한 흐름 때문에 스트레스를 받았습니다. 계획대로 되지 않는 날마다 마음이 무너지고, 내가 잘하고 있는 걸까 하는 불안이 따라왔습니다. 하지만 시간이 흐르면서 알게 되었습니다. 흘러가는 대로 두는 것이 무기력이 아니라, 삶의 본래 리듬에 귀 기울이는 또 다른 방식이라는 것을요. 라벨의 음악처럼, 아이와 함께 하는 시간도 정해진 구조가 아닌 순간의 감각 속에서 완성되는 것 같습니다.

"'미래의 나'는 미래의 내가 책임져 줄 것이다.
'오늘의 나'는 오늘의 나로서 살면 되는 것이다."

*

《빨강머리 앤, 행복은 내 안에 있어》 조유미

힘들다가도.. 또 이렇게 웃어^^

프란체스카 카치니　　　　　　　　DAY 28

Francesca Caccini, 1587 – 1641년 이후 생존 추정

⟨마리아, 사랑스러운 마리아⟩, 《음악 작품집 제1권》 수록
⟨Maria, dolce Maria⟩ from 《Il primo libro delle musiche》

잠시 숨이 멎었습니다. 첫 음을 들은 순간, 마치 먼 시간 속 누군가의 속삭임을 몰래 엿듣는 듯한 기분이 들었습니다. 이 곡은 17세기 이탈리아의 여성 작곡가 프란체스카 카치니가 남긴 "마리아, 사랑스러운 마리아(Maria, dolce Marica"로, 오랜 세월을 건너온 지금도 투명한 감동을 전합니다.

이 곡은 그녀가 1618년에 발표한 《Il primo libro delle musiche》(음악 작품집 제1권)에 수록된 곡으로, 당대 여성으로서는 매우 이례적으로 왕실 음악가로 활동했던 그녀의 깊이 있는 음악 세계가 담겨져 있습니다. "마리아, 사랑스러운 마리아여"라고 부르는 이 짧은 노래에는 성모 마리아를 향한 경건한 찬미뿐 아니라, 여성이 여성에게 건네는 따뜻한 시선과 조용한 위로가 함께 흐릅니다.

음악은 놀라울 만큼 단순합니다. 바로크 시대 특유의 화려한 장식을 피하고, 절제된 선율로 감정을 전합니다. 그 단순함은 무표정함이 아니라, 감정을 과장하지 않고도 충분히 전할 수 있다는 믿음에서 비롯된 섬세한 선택입니다. 그래서 이 곡은 장식보다 침묵, 과시보다 절제가 주는 울림을 들려줍니다. 가사는 "Maria, dolce Maria"(마리아 돌체 마리아)라는 짧은 문장을 반복할 뿐입니다. 그러나 그 반복 속에는 마치 엄마가 잠든 아이의 머리맡에서 조용히 속삭이는 기도 같은 마음이 담겨 있습니다. 아이의 평안을 빌면서도, 나 자신이 무너지지 않기를 바라는 마음, 그리고 아무 말로도 다 할 수 없어 더욱 간절한 마음이 그 한 이름 '마리아'에 실려 나옵니다. 이 정서는 '경배'라기보다 '친밀한 경외'에 가깝습니다. 마리아를 성스러운 존재로만 우러르기보다, 나와 같은 연약함을 지닌 존재로 느끼며 그녀의 부드러움에 기대고 싶어지는 마음이 전해집니다.

프란체스카 카치니는 서양 음악사에서 오페라를 작곡한 최초의 여성이자, 자신의 이름으로 작품을 출판한 몇 안 되는 작곡가 중 한 명입니다. 17세기 초 이탈리아에서 여성은 무대에 설 수 있기는 했지만, 그 무대는 주로 궁정 연회, 귀족 살롱, 종교 행사와같은 제한된 공간이었으며,

후원자의 보호와 허락 없이는 활동이 어려웠습니다. 그럼에도 불구하고 카치니는 뛰어난 음악 교육과 예술적 재능, 그리고 메디치 가문의 전폭적인 후원을 바탕으로 궁정의 가수·연주자·작곡가로 당당히 자리매김했습니다. 그녀의 음악을 듣는 일은 단순히 한 곡을 감상하는 것을 넘어, 오랜 세월 잊혀져 있던 여성의 목소리를 오늘로 다시 불러오는 일이기도 합니다.

저는 이 곡을 들을 때면 마음속에서 'Maria, dolce Maria(마리아 돌체 마리아)'라는 기도가 저절로 흘러나옵니다. 오늘도 아이와 하루를 버텨낸 엄마의 마음으로, 아이의 평안을 빌고, 동시에 제 마음도 지켜달라고 조용히 부탁하게 됩니다. 아무 말도 할 수 없을 때, 우리는 이렇게 누군가의 이름을 부르며 마음을 내어놓습니다. 그 순간, 이 노래는 단순한 찬미를 넘어 세월과 경계를 넘어 이어지는 모든 엄마들의 기도가 됩니다. 엄마들, 이 음악을 들으며, 하루의 끝을 고요하고 평안하게 기도하는 마음으로 마무리하시길 바랍니다.

"시간은 모든 인간에게 공평하게 주어지는 것이다.
평생에 걸쳐 후회를 적게 하려면 일단 한 해를 잘 살아야 하고,
한 해를 후회없이 지내려면 한 달을 잘 보내야 한다.
한 달이 의미 있으려면 한 주일을 잘 소화해내야 하고,
한 주일을 허비하지 않으려면 하루하루가 새로워야 한다."

*

《현명한 사람은 삶의 무게를 분산한다》 제갈건

엄마도 계속 틀려가며
배우는중이야~

루트비히 반 베토벤   DAY 29

Ludwig van Beethoven, 1770–1827

⟨피아노 소나타 제14번 '월광' 1악장⟩, 작품 27-2, C♯단조
⟨Piano Sonata No. 14 in C-sharp minor,
Op. 27 No. 2 "Moonlight": I, Adagio sostenuto⟩

   베토벤의 피아노 소나타 14번 1악장은 오늘날 '월광 소나타'라는 이름으로 널리 알려져 있지만, 이 별명은 정작 베토벤이 붙인 것이 아닙니다. 1802년 '환상곡풍 소나타(Sonata quasi una Fantasia)'라는 제목으로 출판된 이 곡은, 기존의 고전적 소나타 형식을 따르지 않고 자유롭고 서정적인 흐름을 지닌 것이 특징입니다. 훗날 한 독일 평론가가 이 1악장을 두고 "달빛이 비치는 루체른 호수 위에서 물결에 흔들리는 작은 배 같다"고 묘사한 것이 계기가 되어 '월광'이라는 이름을 얻게 되었지요.

   아이러니하게도 베토벤은 이 곡의 폭발적인 인기를 달가워하지 않았습니다. 그는 친구들에게 "나는 더 나은 곡도 쓴 적이 있다"고 말하며, 이 작품이 다른 소나타들보다 과도하게 주목받는 것을 불편해했습니다. 실제로 베토벤에게 14번 소나타는 특별한 한 곡이라기보다, 당시 청각 이상과

개인적 고통 속에서 자기 감정을 실험적으로 풀어낸 결과물이었습니다. 그러나 후대의 청중들은 그 고요하고 애잔한 울림 속에서 위로와 공감을 발견했고, 결국 이 곡은 베토벤의 대표작 가운데 하나로 자리 잡게 되었습니다.

이 곡은 듣는 이마다 전혀 다른 감정을 끌어올립니다. 제자 체르니는 "멀리서 영혼의 슬픈 목소리가 들린다"고 했고, 피아니스트 안드라스 쉬프는 모차르트의 오페라 속 장례 장면과 유사한 리듬을 언급하며 '죽음의 장면'이라 해석하기도 했습니다. 그렇게 다양한 해석이 가능한 이유는, 이 곡이 지닌 깊은 여운과 여백 덕분일 것입니다.

베토벤은 이 곡을 작곡하던 무렵 청력 저하를 뚜렷이 자각하고 있었고, 점차 자신의 음악을 귀로 듣는 일이 불가능해지고 있었습니다. 그럼에도 작곡을 멈추지 않았고, 침묵 속에서 써 내려간 그의 음악은 오히려 더 깊고 단단한 울림으로 남았습니다. 그 이야기를 떠올리면, 육아의 고단함 속에서 나라는 존재가 희미해지는 듯한 밤에도 조용한 위로를 받게 됩니다. 지금 당장은 보이지 않더라도, 이 밤을 견디는 내가 언젠가 더 깊은 사람으로 성장해 있으리라는 믿음 말이지요.

피아니스트 조성진은 한 연주회에서 '월광 소나타'의 마지막 음이 잦아든 후, 자연스럽게 '생일 축하 노래'를 변주해 연주했습니다. 처음엔 유머처럼 보였지만, 그 장면은 오래도록 마음에 남았습니다. 긴 침묵과 슬픔의 선율이 끝난 뒤 울려 퍼진 축복의 멜로디는, 마치 "잘 견뎠다"고, "이제는 웃어도 괜찮다"고 말해주는 것 같았습니다. 육아의 밤을 통과하며 나 자신을 잃을 것 같은 순간에도, 그 장면을 떠올리면 다시 한번 마음을 추슬러봅니다.

달빛의 선율이 축하의 노래로 변하듯, 육아의 고단함 또한 언젠가 환희로 바뀌기를 소망합니다.

"우리는 실패와 실수, 문제,
힘든 도전, 역경을 부정적으로만 생각한다.
그러나 사실 그것들이 없다면 성공도 할 수 없다.
삶의 어떤 영역에서는 그렇다. 성공하려면 먼저 실패해야 한다.

해결책을 찾으려면 문제를 겪어야 한다.
개구리에게 키스해야 왕자님 또는 공주님을 만날 수 있다.
실수를 발판 삼아 거대한 제국을 일궈낸
이들의 사례는 무수히 많다."

*

《롭 무어, 부와 성공의 기회》롭 무어

잠시 뒤..

그래도 너희 곁이라서 조금은
마음이 따뜻해지는 밤이야

자코모 푸치니　　　　　　　　　　DAY 30

Giacomo Puccini, 1858-1924

〈공주는 잠 못 이루고〉, 오페라《투란도트》3막 중
〈Nessun dorma〉 from Act III of 《Turandot》

　자코모 푸치니는 이탈리아 오페라 작곡가로, 《라 보엠》, 《토스카》, 《나비 부인》 등에서 인간 감정의 극단을 섬세하게 포착하며 세계 무대를 장악했습니다. 그의 마지막 오페라 《투란도트》는 끝내 완성되지 못했지만, 그 안의 아리아 〈공주는 잠 못 이루고(Nessun dorma)〉는 오페라 역사상 가장 널리 사랑받는 곡이 되었습니다.

　이 오페라는 차가운 마음을 지닌 중국의 공주 투란도트가 세 가지 수수께끼를 내고, 풀지 못한 구혼자는 목숨을 잃는다는 설정에서 시작됩니다. 칼라프 왕자는 목숨을 걸고 수수께끼를 풀어낸 뒤, 자신의 정체를 밝히지 않은 채 공주에게 결혼을 요구하지요. 공주는 그의 이름을 알아내지 못하면 죽이겠다고 선언하고, 칼라프는 백성들에게 "그 누구도 잠들지 마라" 외치며 이 아리아를 부릅니다.

"Vincerò!(나는 이겨내리라!)"라는 고음으로 폭발적인 절정을 맞는 이 노래는, 단순한 기교가 아닌 사랑과 생존, 존엄을 지키려는 인간의 절박한 의지를 응축한 외침입니다. 푸치니는 이 장면에서 승리란 화려한 전쟁터의 깃발이 아니라, 끝내 포기하지 않는 마음의 불씨임을 보여줍니다.

육아의 날들은 때때로 전쟁처럼 느껴집니다. 눈물을 삼키며 아이의 떼를 받아내고, 일과 살림, 관계 속에서 웃음을 가장하며 스스로를 지탱해야 하는 순간들. 그럴 때 문득 이 아리아가 떠오릅니다. "Vincerò(나는 이겨내리라)!" 그 한 마디가 단단히 제 마음을 붙잡고, 무너진 어깨를 다시 세웁니다. "그 누구도 잠들지 마라"는 가사가 왕자의 운명이 아닌, 고요한 밤을 견디며 육아를 멈출 수 없는 모든 엄마의 현실처럼 들리기도 합니다.

푸치니는 이 작품을 끝내 완성하지 못했지만, 그 미완성 속에서도 사람들은 여전히 감동을 받습니다. 왜냐하면 이 곡은 단지 하나의 결말로 닫히는 이야기가 아니라, 포기하지 않고 끝까지 사랑을 지켜내려는 모든 이들의 미완의 이야기이기도 하기 때문입니다. 그 여백은 듣는 이의 마음속에서 완성되어 가고, 육아의 여정 또한 어쩌면 그렇습니다. 완벽하게 끝내는 것이 아니라, 매일 조금씩, 다시 사랑하며 살아내는 것.

이 책 속에서 만난 30곡의 음악은 제 삶의 굽이굽이마다 작은 등불이 되어 주었습니다. 어떤 곡은 슬픔을 어루만졌고, 어떤 곡은 깊은 숨을 돌리게 했으며, 또 어떤 곡은 주저앉은 발걸음을 다시 내딛게 했습니다. 그리고 이 마지막 아리아는, 그 긴 여정을 잔잔히 마무리하며 제 마음에 단단한 힘을 전합니다.

Vincerò(이겨내리라)!

육아라는 전쟁 속에서 음악과 책이 저를 다시 일으켜 세워주었듯, 이 끝없는 여정에서 이 책이 당신의 숨 고르기가 되어주고, 당신만의 걸음으로 다시 나아갈 수 있는 작은 힘이 되어주기를 진심으로 기도합니다.

Vincerò con grazia(우아하게 이겨내세요)!

"친절하라. 당신이 만나는 모든 일들이 저마다
힘겨운 전투를 치르고 있으니."
라는 문장을 접해본 적 있는가?
완벽주의자는 그 중에서도 스스로에게
친절을 베푸는 것을 가장 어색해한다.
모순적이게도 자신을 짓눌러온 무게가
사라지는 것을 두려워하기 때문이다.

자신은 친절을 누릴 자격이 없고, 친절로 인해
실수나 약점이 드러날까 걱정한다.
그러나 '자기 친절'은 선택이 아닌 필수이다.
습관처럼 실천해야 하는 영역이다.

*

《불안한 완벽주의자를 위한 책》 마이클 투히그, 클라리사 옹

피날레 노트
엄마는 클래식 음악과 그림 덕분에 괜찮아

　아이를 돌보는 매일은 생각보다 훨씬 벅찼습니다. 작은 전쟁 같은 순간 앞에서 지쳐 무너지는 날도 많았지만, 그 길목마다 음악과 책이 곁에 있었기에 다시 제 자신으로 돌아올 수 있었습니다.

　호기심 많은 제게 육아는 여전히 쉽지 않은 시간입니다. 아이의 관심과 제 관심이 부딪힐 때마다 제 것을 내려놓아야 했고, 그때마다 충족되지 못한 마음이 화로 번지기도 했습니다. 그러나 그 과정을 지나며 사랑은 기다림 속에서 자란다는 사실을 배웠습니다.

이 책에 담긴 음악과 문장, 그림은 그 시간을 지탱해준 저의 동반자들입니다. 클래식 음악은 지친 마음을 붙들어주었고, 〈유유네〉의 그림은 "나만 서툰 엄마가 아니구나"라는 조용한 공감을 건네주었습니다. 그 사실 하나만으로도 다시 버틸 힘이 생겼습니다.

이제 그 위로를 당신께도 전하고 싶습니다. 이 책이 하루의 끝에 잔잔히 스며들어, 지친 마음을 토닥이고 다시 내일을 살아갈 힘을 건네주기를 바랍니다.

저 또한 그 길 위에서 이렇게 고백할 수 있었습니다.
"엄마는 클래식 음악과 그림 덕분에 괜찮아."

엄마는 오늘도 음악 덕분에 괜찮아

지친 마음을 다독이는 엄마의 일상툰과 클래식 playlist

초판 1쇄 발행 2025년 07월 29일

지은이 신수연
그림 박혜림(유유네)
편집/디자인 조은정

펴낸곳 송정북스

ⓒ 2025 신수연, 박혜림(유유네), All rights reserved

ISBN 979-11-984699-4-6

이 책의 판권은 신수연과 박혜림(유유네)에 있습니다.
판권자의 서면 동의 없는 무단 전재 및 복제는 금합니다.

출판사 송정북스

송정북스는 음악이 남긴 여운을 글로 옮기는 출판사입니다.

소리로 시작된 이야기를 책으로 담아내며, 소장하고 싶은 세련된 음악 교육 교재도 제작합니다.

음악에서 비롯된 감성을 깊이 있게 전달하고, 마음을 울리는 스토리를 담아내는 데 최선을 다하고 있습니다.

인스타그램 instagram.com/song_jung_books